महान संत

मदर टेरेसा

महेश दत्त शर्मा

डायमंड बुक्स

www.diamondbook.in

प्रकाशक : डायमंड पॉकेट बुक्स (प्रा.) लि.
X-30 ओखला इंडस्ट्रियल एरिया, फेज-II
नई दिल्ली-110020
फोन : 011-40712200
ई-मेल : sales@dpb.in
वेबसाइट : www.diamondbook.in
मुद्रक : रेप्रो (इंडिया)

Mahan Sant Mother Teresa
By : Mahesh Dutt Sharma

प्रकाशकीय

दुनिया में बहुधा लोग सिर्फ अपने लिए जीते हैं लेकिन मानव इतिहास में ऐसे कई उदहारण मिलते हैं जिसमें किसी व्यक्ति ने अपना तमाम जीवन मानव सेवा को अर्पित कर दिया। ऐसा ही एक व्यक्तित्व रही हैं मदर टेरेसा। उनका स्मरण आते ही हमारा ध्यान केवल मानव जाति के उत्थान के लिए किया गये उनके योगदान की ओर जाता है। वह हमें न केवल प्रेरित करता है अपितु हमारे जीवन को सार्थक जीवन जीने की चाहत पैदा करता है।

मदर टेरेसा एक महान संत थीं जिनका हृदय संसार के तमाम दीन-हीन, बीमार, असहाय और गरीबों के लिए धड़कता था। इसी कारण उन्होंने अपना सम्पूर्ण जीवन उनके सेवा में लगा दिया। उनका असली नाम 'अगनेस गोंझा बोयाजिजू' (Agnes Gonxha Bojaxhiu) था। उन्होंने छोटी सी उम्र में ही गरीबों, दरिद्रों और असहायों की जिन्दगी में प्यार की खुशबू भरने का काम शुरू कर दिया था।

मदर टेरेसा का जन्म 26 अगस्त, 1910 को स्कॉप्जे (अब मसेदोनिया में) में हुआ। उनके पिता निकोला बोयाजू एक साधारण व्यवसायी थे। जब वे मात्र आठ साल की थीं तभी उनके पिता की मृत्यु हो गयी और उनकी मां द्राना बोयाजू ने उनके लालन-पालन ने किया। वह अपने पांच भाई-बहनों में सबसे छोटी थीं। वह एक अध्ययनशील एवं परिश्रमी लड़की थीं। पढ़ाई के साथ-साथ, गीत गाना उन्हें बेहद पसंद था। वह और उनकी बहन पास के गिरजाघर में मुख्य गायिका थीं। जब वह बारह साल की थीं तभी उन्हें आभास हो गया था कि वह अपना सारा जीवन मानव सेवा में लगायेंगी।

18 साल की उम्र में ही 'सिस्टर्स ऑफ़ लोरेटो' में शामिल हो गयीं। उन्होंने अंग्रेजी भाषा सीखी क्योंकि 'लोरेटो' की सिस्टर्स इसी माध्यम में बच्चों को भारत में पढ़ाती थीं।

मदर टेरेसा आयरलैंड से 6 जनवरी, 1929 को कोलकाता के 'लोरेटो कॉन्वेंट' में आ गयी। उन्होंने अनुशासित शिक्षिका के रूप में अध्यापन करना शुरू कर दिया। सभी विद्यार्थी उनसे बहुत स्नेह करते थे। वह वर्ष 1944 में हेडमिस्ट्रेस बन गई। अब उनका मन शिक्षण में पूरी तरह रम गया था, लेकिन उनके आस-पास फैली गरीबी और दरिद्रता निरंतर उनके मन को बहुत परेशान करती थी। 1943 में आये अकाल के दौरान शहर में बड़ी संख्या में मौत हुई। बहुत सारे लोग गरीबी से बेहाल थ। इससे देखकर उनका हृदय द्रवित हुआ और कठिन समय में जरूरतमंद लोगों के लिए काम करना शुरू किया। उन्होंने अपना जीवन धीरे-धीरे दीन-हीन और जरूरतमंदों को समर्पित कर दिया।

अपने शिक्षिका जीवन के शुरुआती समय में, उन्होंने कुछ गरीब बच्चों को इकट्ठा किया और बच्चों को पढ़ाना शुरू किया। एक छड़ी से जमीन को ब्लैकबोर्ड बनाते हुए बंगाली अक्षर लिखने की शुरुआत की। जल्द ही उन्हें कुछ शिक्षकों ने प्रोत्साहित किया। उन्हें एक ब्लैकबोर्ड और कुर्सी उपलब्ध करायी गयी। उनका समर्पण काम आया और उनके इस स्कूल को मान्यता मिली। बाद में एक चिकित्सालय और एक शांतिपूर्ण जगह की स्थापना की जहाँ गरीब अपना इलाज कराने के दौरान रह सकें। उन्होंने यहाँ बेसहारा और विकलांग बच्चों और सड़क किनारे पड़े असहाय रोगियों की दयनीय स्थिति को अपनी आँखों से देखा। इन सब बातों ने उनके हृदय को बहुत द्रवित किया कि वे उनसे मुँह मोड़ने का साहस नहीं कर सकीं। इसके पश्चात उन्होंने जनसेवा का जो व्रत लिया, उसका पालन वह मरतेदम तक अनवरत करती रहीं।

इससे पूर्व मदर टेरेसा ने पटना के होली फॅमिली हॉस्पिटल से आवश्यक नर्सिंग ट्रेनिंग पूरी की और वापस कोलकाता लौटीं। वहां से पहली बार उन्होंने

तालतला में गरीब बुजुर्गों की देखभाल करने वाली संस्था के साथ काम करना शुरू किया। उन्होंने मरीजों के घावों को धोया, उनकी मरहम-पट्टी भी की। जरूरतमंदों को तो दवाइयां देती ही थीं। उनके इस त्याग और समर्पण की सूचना दूर-दूर तक फ़ैलने लगी। देष्ठा के उच्च अधिकारी और भारत के प्रधानमंत्री ने भी उनकी सराहना की।

संत मदर टेरेसा को इन कार्यों को करने के लिए शुरूआती दौर में बहुत कठिनाईयों का सामना भी करना पड़ा। चूंकि उन्होंने लोरेटो छोड़ दिया था इसीलिए उनके पास कोई आमदनी का जरिया नहीं था। उनको अपना पेट भरने तक के लिए दूसरों की मदद लेनी पड़ी। जीवन के इस महत्त्वपूर्ण पड़ाव पर उनके मन में बहुत उथल-पथल हुई, अकेलेपन का एहसास हुआ। इस कारण उनके मन में लोरेटो की सुख-सुविधायों में वापस लौट जाने का खयाल भी आया लेकिन उन्होंने हार नहीं मानी।

उन्हें वेटिकन सिटी से 7 अक्टूबर 1950 को 'मिशनरीज ऑफ़ चैरिटी' की स्थापना की अनुमति मिली। इस संस्था का उद्देश्य भूखों, निर्वस्त्र, बेघर, लंगड़े-लूले, नेत्रहीन, चर्म रोग से ग्रसित जैसे लोगों की सहायता करना था जिनके लिए समाज में कोई जगह नहीं थी। 'मिशनरीज ऑफ़ चैरिटी' दुनियाभर में असहाय, बेसहारा, शरणार्थी, अंधे, बूढ़े, गरीब, बेघर, शराबी, एड्स के मरीज और प्राकृतिक आपदाओं से प्रभावित लोगों की सेवा कर रही हैं।

मदर टेरेसा ने 'निर्मल हृदय' और 'निर्मला शिशु भवन' के नाम से आश्रम खोला। 'निर्मल हृदय' का ध्येय असाध्य बीमारी से पीड़ित रोगियों व गरीबों का सेवा करना था जिन्हें समाज ने बहिष्कृत कर दिया था। 'निर्मला शिशु भवन' की स्थापना अनाथ और बेघर बच्चों की सहायता के लिए हुई। सच्ची लगन और मेहनत से किया गया काम कभी असफल नहीं होता, यह कहावत मदर टेरेसा के साथ सच साबित हुई। काम इतना बढ़ गया कि 1996 तक उनकी संस्था करीब 125 देशों में 755 निराश्रित गृह खोलें जिससे करीबन पांच लाख लोगों की भूख मिटाने लगी थी।

मदर टेरेसा को मानवता की सेवा के लिए अनेक अंतर्राष्ट्रीय सम्मान एवं पुरस्कार प्राप्त हुए। भारत सरकार ने उन्हें पहले पद्मश्री और बाद में देश के सर्वोच्च नागरिक सम्मान 'भारत रत्न' से अलंकृत किया। मानव कल्याण के लिए किये गए कार्यों की वजह से मदर टेरेसा को 1979 में नोबेल शांति पुरस्कार मिला। उन्हें यह पुरस्कार ग़रीबों और असहायों की सहायता करने के लिए दिया गया था। उन्होंने नोबेल पुरस्कार की धन-राशि को गरीबों के लिए एक फंड के तौर पर इस्तेमाल किया।

बढती उम्र के साथ-साथ उनका स्वास्थ्य भी बिगड़ता गया। वर्ष 1983 में 73 वर्ज़ की आयु में उन्हें पहली बार दिल का दौरा पड़ा। उस समय मदर टेरेसा रोम में पॉप जॉन पॉल द्वितीय से मिलने के लिए गई थीं। इसके पश्चात वर्ज़ 1989 में उन्हें दूसरा ह्दयाघात आया और उन्हें कृत्रिम पेसमेकर लगाया गया। साल 1991 में मैक्सिको में न्यूमोनिया के बाद उनके ह्दय की परेशानी और बढ़ गयी। इसके बाद उनकी सेहत लगातार गिरती रही। 13 मार्च 1997 को उन्होंने 'मिशनरीज ऑफ चैरिटी' के मुखिया का पद छोड़ दिया और 5 सितम्बर, 1997 को उनकी मौत हो गई। अपने महान कार्यों के लिये जल्द ही वह गरीबों के बीच में मसीहा के रूप में प्रसिद्ध हो गयीं। मानव जाति की उत्कृष्ट सेवा के लिये उन्हें ईसाइयों के पवित्र तीर्थ वेटिकन में सितंबर, 2016 में संत की उपाधि से नवाजा गया।

-नरेन्द्र कुमार वर्मा
nk@dpb.in

अनुक्रमणिका

सामान्य परिचय

'वृक्ष के फलों का उपभोग मनुष्य अथवा अन्य प्राणी करते हैं, नदियाँ स्वयं अपना जल नहीं पीतीं और खेतों को लहलहाने वाले मेघ स्वयं उस अन्न का उपभोग नहीं करते, क्योंकि सज्जनों का अस्तित्व ही परोपकार के लिए होता है।'

ये पंक्तियाँ ममता की मूर्ति माँ टेरेसा के जीवन पर अक्षरश: चरितार्थ होती हैं। उनका जीवन दु:खियों, दरिद्रों, भूखों, पीड़ितों, रोगियों, विकलांगों की सेवा का पर्याय बन गया था।

अपने लिए कौन जीवित नहीं रहता, मानव हो या पशु-पक्षी, अपना उदर पोषण तो सभी करते हैं, किन्तु इसे न तो कोई उपलब्धि कहा जा सकता है और न ही जीवन की सार्थकता।

आज एक ओर अनन्त का भी अन्त पाने के प्रयास हो रहे हैं, वैज्ञानिक आविष्कारों ने मानव-जीवन की सुख-सुविधाओं के लिए अनेक असम्भव प्रतीत होने वाले कार्यों को भी सम्भव कर दिखाया है, वहीं हम मानव समाज की मूलभूत आवश्यकताओं की उपेक्षा जैसी कर रहे हैं। वैज्ञानिक आविष्कारों पर; अनेकानेक विध्वंसात्मक आविष्कारों पर, चांद-सितारों तक पहुंचने के लिए विश्व के अनेक राष्ट्र करोड़ों-अरबों की धनराशि व्यय कर रहे हैं, किन्तु समाज् के उपेक्षितों दु:खियों, पीड़ितों पर प्राय: नहीं के बराबर ही ध्यान दिया जाता है।

बस इसी ज्वलन्त समस्या को पहचाना था, ममतामयी माँ टेरेसा ने। यही उनकी विशिष्टता थी, यही उनकी महानता थी। दु:खियों, उपेक्षितों, पीड़ितों की सेवा ही उनके जीवन का लक्ष्य था, जिसे वह प्रभु की सेवा मानती थीं; यीशु के आदर्शों का सच्चा अनुसरण-अनुकरण मानती थीं।

अपने इस लक्ष्य पर न तो उन्हें कोई गर्व था, न अभिमान; वह इसे अत्यन्त सहज-सामान्य भाव से लेती थीं। वस्तुत: उनकी यह सहजता और सामान्यता ही उनकी महानता थी; उनकी विशेषता थी, लोकोत्तरता थी। उनकी इसी विशिष्टता के कारण विश्व उनके समक्ष श्रद्धा से नत हो जाता था, इसीलिए वह माँ थीं; ममता की, प्रेम की, स्नेह की मूर्ति थीं।

विश्व की इस निरूपम विभूति का आविर्भाव 27 अगस्त 1910 ई. के दिन यूगोस्लाविया के स्कपजे नामक नगर में हुआ। उनका परिवार मूलत: अलबेनियन था।

माता-पिता ने नवजात बालिका का नाम अग्नेस गोनाक्सा बेजाक्सिउ (Agnes Gonaxha Bejaxhiu) रखा।

इस बालिका के जन्म के समय कदाचित् न तो आकाश में कोई सितारा चमका, न वहाँ से कोई देवदूत ही धरा पर उतरा और न ही किसी भविष्यवक्ता ने भविष्यवाणी की कि एक दिन यह बालिका अपने शुभ कर्मों के आलोक से मानवता को एक नया मार्ग दिखाएगी।

यह भी एक अद्भुत संयोग है कि माँ टेरेसा के आविर्भाव तथा सेवा-भाव की मूर्त रूप फ्लोरेंस नाइटिंगेल के धरा से तिरोभाव का वर्ष एक ही है।

माँ टेरेसा की जन्मभूमि भले ही यूगोस्लाविया रही हो, किन्तु महापुरुषों का जीवन किसी स्थान विशेष की थाती नहीं होता, वे सम्पूर्ण मानवता के पथप्रदर्शक होते हैं; उनका व्यक्तित्व सार्वजनिक और सार्वभौमिक सम्पत्ति बन जाता है। 'वसुधैव कुटुम्बकम्' अथवा 'सबै भूमि गोपाल की या में अटक कहाँ' जैसी उक्तियाँ ऐसी ही महनीय विभूतियों की महिमा को इंगित करती हैं।

□□

अग्नेस गोनाक्सा बेजाक्सिउ अपने माता-पिता की चार सन्तानों दो भाइयों तथा दो बहनों में से एक थीं।

अपनी अन्य सन्तानों के समान ही उनके माता-पिता ने उन्हें भी प्रारम्भिक शिक्षा के लिए स्थानीय सरकारी स्कूल में भेजा। बालिका अग्नेस गोनाक्सा बेजाक्सिउ स्कूल जाने लगी।

परिस्थितियाँ, संयोग, घटनाचक्र मानव-जीवन में विचित्र खेल खेलते हैं, इसीलिए कुछ लोग समय को बलवान कहते हैं। वास्तव में यह सत्य भी है, इस अर्थ में सत्य नहीं कि समय कोई मूर्त वस्तु है, अपितु इस अर्थ में कि समय ही इतिहास का निर्माण करता है। समय बीतने पर एक शिशु किशोर, किशोर युवा, युवा प्रौढ़ और प्रौढ़ वृद्ध हो जाता है। यही नहीं कभी-कभी समय-समय पर घटी घटनाएँ मानव जीवन में एक महान् परिवर्तन भी कर देती हैं; मानव की चिन्तनधारा, उसके जीवन-दर्शन को भी बदल देती हैं।

सन् 1914 ई. में यूरोप में महाविनाशक प्रथम महायुद्ध आरम्भ हुआ, जिसने वहाँ के जनजीवन को उद्वेलित कर रख दिया। माँ टेरेसा (जो उस समय चार वर्ष की बालिका अग्नेस गोनाक्सा बेजाक्सिउ ही थीं) के बाल मन पर भी इस घटना का गहरा प्रभाव पड़ा।

इस युद्ध की विभीषिका इतिहास का एक दारुण-दुःख अध्याय तो है ही, युद्ध की विभीषिका अभी थमी न थी कि बालिका अग्नेस को एक भयंकर आघात का सामना करना पड़ा; अभी वह केवल सात वर्ष की अबोध बालिका ही थीं कि उनके पिता परलोक सिधार गये।

मृत्यु सृष्टि का एक अपरिहार्य नियम है, सभी को काल के अविराम गति से घूमते हुए चक्र के मृत्यु रूपी बिन्दु का सामना करना पड़ता है। जन्म जीवन का प्रारम्भ है, मृत्यु उसका अन्त। जन्म और मृत्यु के बीच की अवधि ही जीवन है।

एक ओर महायुद्ध की विभीषिका से उत्पन्न मानवजीवन की अस्थिरता तथा अनिश्चितता, दूसरी ओर पिता की मृत्यु, निश्चय ही इसका माँ के उस बालक मानस पर गहरा प्रभाव पड़ा होगा।

□□

समय का चक्र चलता रहा, इसके साथ ही अग्नेस गोनाक्सा बेजाक्सिउ बालिका से किशोरी और किशोरी से युवती बन गयीं, सम्भवतः उस समय किसी ने कल्पना भी न की होगी कि एक दिन वह विश्व का एक सर्वाधिक श्रद्धास्पद व्यक्तित्व बनेंगी, सर्वाधिक लोकप्रिय और दीन-दुःखियों की उद्धारक बनेंगी।

भविष्य अचिन्तनीय, अकल्पनीय अदृश्य तथा अज्ञात होता है।

अपने स्कूली जीवन में ही 'सोडालिटी' से उनका सम्पर्क हुआ। वह इस संस्था की सदस्या बन गयीं। यहीं से उनके जीवन को एक नयी दिशा मिली; उनके विचारों को चिन्तन का एक नया आयाम मिला। अन्ततः इस नयी दिशा ने, इस नये चिन्तन ने ममता की मूर्ति माँ टेरेसा का निर्माण किया।

शैशव बीता, किशोरावस्था भी बीत गयी।

घर में सभी प्रकार का सुख था। अभाव या दुःख जैसी कोई चीज़ न थी, किन्तु अग्नेस को तो माँ बनना था, अनेक निराश्रितों, दुःखियों, उपेक्षितों की माँ; विश्व की माँ, विश्वजननी बनना था।

विश्वजननी भला किसी एक की जननी कैसे बन सकती थीं! वह कितनी सन्तानों की माँ थीं, इस विषय में निश्चित रूप से कुछ नहीं कहा जा सकता।

उनकी कितनी ही सन्तानें नया जीवन पाकर सुखों का भोग कर रही हैं, कितनी ही सन्तानें उच्च शिक्षा प्राप्त कर चुकी हैं, भारत में ही नहीं विदेशों में भी।

जिनके जन्म देनेवालों का कोई पता तक नहीं, ऐसे कितने ही व्यक्ति माँ की ममता का सम्बल पाकर नये जीवन में प्रवेश कर चुके हैं कितनी ही अबलाएँ अपनी गृहस्थी बसा चुकी हैं।

कितने ही परित्यक्त शिशु माँ की ममता पाकर शैशव का सुख भोग रहे हैं, किलकारियां मार रहे हैं।

कितने ही विकलांग, मूक-बधिर माँ के शिशु-सदनों में सामान्य जीवन जी रहे हैं। शिशु भवनों की बहनों से उन्हें जो स्नेह-ममता मिलती है, उसमें उन्हें यह आभास भी नहीं होता कि वे अनाथ हैं, लेकिन आज जब माँ हमारे बीच नहीं हैं, वे स्वयं को अनाथ महसूस कर रहे हैं।

□□

माँ का विद्यार्थी जीवन ही चल रहा था, उसी समय यूगोस्लाविया के कुछ जेसुइट ईसाई धर्म प्रचारकों ने कलकत्ता में कार्य करना समीचीन समझा। उन्हें इसकी अनुमति प्राप्त हो गयी।

जेसुइट्स का पहला दल 30 दिसम्बर 1925 को कलकत्ता पहुँचा। यहाँ ये जेसुइट अपने कार्य को आगे बढ़ाने में जुट गये। इन्हीं में से एक व्यक्ति कर्सियांग गया।

कर्सियांग के जेसुइट ने यहां के कार्य के विषय में अपनी जन्मभूमि को अनेक पत्र लिखे। इन पत्रों में मिशन के कार्यक्षेत्र की प्रशंसा की गयी थी तथा इन पत्रों में बंगाल में कार्यरत जेसुइट प्रचारकों के कार्य का उत्साहजनक वर्णन किया जाता था।

कर्सियांग से भेजे गये ये पत्र माँ टेरेसा के स्कूल में सोडालिटी के सदस्यों को पढ़ाये जाते थे।

□□

प्राय: बारह-तेरह वर्ष की अवस्था में ही माँ को ये पत्र पढ़ने-सुनने को मिले।

कहाँ कर्सियाँग, कहाँ यूगोस्लाविया, किन्तु अग्नेस को तो माँ टेरेसा बनना था। इन पत्रों का उन पर ऐसा प्रभाव हुआ कि हज़ारों मील की दूरी किसी प्रकार की बाधा नहीं बन सकी। उन्हें भारत के लिए एक अदृश्य आकर्षण का अनुभव हुआ। इन पत्रों को पढ़कर उनके मानस में भारत का बिम्ब स्वत: उभरने लगा।

उन्होंने भारत आने का निश्चय कर लिया। इतनी अल्प अवस्था का यह निश्चय अवस्था के अनुसार अपरिपक्व या अस्थायी सिद्ध नहीं हुआ।

किशोरावस्था और भविष्य का दृढ़ निश्चय कहने और सुनने में यह भले ही असम्भव जैसा लगे, किन्तु माँ के दृढ़ निश्चय ने इसे सत्य सिद्ध कर दिखाया।

कहाँ एक अबोध बालिका, कहाँ ऐसा दृढ़ निश्चय! घर में उन्हें कोई अभाव न था, फिर भी अपने भाई-बहन, माँ-परिवार सबं कुछ छोड़कर उन्होंने भारत आने का निश्चय कर लिया। कहाँ यूगोस्लाविया, कहाँ भारत का पूर्वी प्रान्त बंगाल!

आखिर इसके पीछे क्या कारण था? इस भूमि ने उन्हें क्यों कर आकर्षित किया?

इसका उत्तर माँ के अनुसार, ईश्वर की ही प्रेरणा थी। माँ के इस मत में सन्देह के लिए कोई स्थान नहीं रह जाता क्योंकि कर्सियांग के जेसुइट सदस्यों के पत्र तो सभी को पढ़ाये जाते थे, फिर यह प्रेरणा केवल माँ को ही क्यों मिली?

महाकवि कालिदास ने लिखा है–'सभी प्रकार से सुखी होने पर भी यदि मनुष्य रमणीय दृश्यों को देखकर तथा मधुर शब्दों को सुनकर उत्सुक हो जाता है तो अवश्य ही उसका चित्त किसी पूर्व सम्बन्ध के कारण ही उत्सुक होता है।'

तो क्या माँ टेरेसा का इस भूमि से कोई पूर्वजन्म का सम्बन्ध रहा होगा? अन्यथा वह सब कुछ छोड़कर इस संन्यासी जीवन का वरण क्यों करतीं?

उनके घर के विषय में पूछे जाने पर माँ का यही उत्तर होता था कि उनका घर तो सुख की सेज था, छात्र जीवन में ही उन्हें इस ईश्वरीय प्रेरणा का अनुभव होने लगा था। इस प्रेरणा से वह संन्यासिनी बनने का विचार करने लगी थीं, तब उन्हें घर के त्याग की कल्पना सहसा विचलित भी कर देती थी, किन्तु अन्तःप्रेरणा पुनः....पुनः उन्हें प्रेरित करती रहती।

□□

इस प्रेरणा ने अन्ततः उनके इस द्वन्द्व पर विजय पा ली। उन्होंने निश्चय कर लिया कि उन्हें जाना होगा। महानतम उद्देश्य के लिए, मानवता को नया मार्ग दिखाने के लिए, ममता का आलोक विकीर्ण करने के लिए जाना होगा।

क्षुद्र स्वार्थों; निजी सुख-सुविधाओं, व्यक्तिगत जीवन के ऐश्वर्यों का बलिदान करना ही होगा।

समष्टि के लिए व्यष्टि के सुख छोड़ने ही होंगे, मैं वही हूँ, सब मेरा ही स्वरूप है, सब ईश्वर का ही रूप है, फिर मैं इससे पृथक् हूँ ही कहाँ?

दरिद्रनारायण की सेवा ही ईश्वर की सेवा है, प्रभु ईसा के आदेशों का सच्चा अनुकरण है।

संशयों का अन्त हो गया, दृढ़ संकल्पशक्ति के समक्ष संशय, द्वन्द्व विलीन हो गये।

माँ ने इन सुखों को तिलांजलि देने का संकल्प ले लिया, जिनके पीछे संसार भागता है।

मैं केवल मैं नहीं हूँ। यह समस्त मेरा ही विरांट् स्वरूप है। दीन-दुःखियों के दुःख मेरे दुःख हैं, सम्भवतः माँ इसी निश्चय पर पहुँच गयी थीं।

किशोरावस्था पार करने के बाद माँ ने संन्यासिनी बनने का संकल्प ले लिया था।

वह कलकत्ता आने की इच्छा कर रही थीं। अपनी इस इच्छा को उन्होंने सम्बन्धित मिशनरीज के समक्ष रखा।

उनका संकल्प विजयी हुआ।

वास्तव में दृढ़ संकल्प-शक्ति होनी चाहिए। इसके सामने दुनिया की कोई बाधा नहीं ठहर सकती, किन्तु जनसामान्य में इस संकल्पशक्ति का अभाव होता है। यही कारण है कि जनसामान्य अपने लक्ष्य को प्राप्त करने में असफल रहता है।

उनकी इसी संकल्प-शक्ति ने उन्हें अग्नेस गोनाक्सा बेजाक्सिउ से मदर टेरेसा बना दिया।

मटर टेरेसा, अर्थात् ममता का मूर्त रूप, स्नेह की मूर्ति माँ टेरेसा।

विश्व को मानवता का एक अभूतपूर्व मार्ग दिखाने वाली माँ टेरेसा।

जन्मदात्री न होने पर भी विश्वजननी। ममतामयी माँ। करुणा की मूर्ति माँ टेरेसा।

दरिद्रनारायण की सेवा में रत। प्रभु यीशु की सच्ची अनुगामिनी। उनकी शिक्षाओं का मूर्त रूप।

उनका परवर्ती जीवन व्यक्तिगत जीवन न रहकर सार्वजनिक हो गया। दु:खियों की सेवा ही उनके सुखों का उत्स बन गया।

उन्होंने सिद्धान्त पक्ष को, जनसामान्य के लिए केवल आदर्श समझे जाने वाले कार्य को क्रियात्मक रूप में परिणत कर दिखाया।

माँ और भारत

माँ आत्मश्लाघा से सदा दूर रहना चाहती थीं। प्राचीन भारतीय मनीषियों में स्वजीवन चरित लेखन की परम्परा आदि काल से ही नहीं रही है।

क्या हुआ जो माँ जन्मना भारतीय नहीं भी थीं तो! कर्म से, विचारों से, रहन-सहन आदि से तो वह सवर्था भारतीय थीं। उनका पहनावा नीले किनारे की धोती, भूमि पर बैठना सभी कुछ तो भारतीय था।

वह अपने अतीत का न तो कहीं उल्लेख करती थीं, न माँ यह चाहती थीं कि उनकी जीवनी उनके जीवनकाल में लिखी जाए, क्योंकि प्रभु यीशु की जीवनी उनके जीवनकाल में नहीं लिखी गयी थी।

अपने विषय में कहीं कुछ उल्लेख न करने के कारण आज हम अपने देश के अनेक मनीषियों के विषय में कुछ भी नहीं जानते, केवल उनके महनीय कार्यों अथवा उनकी रचनाओं से ही यह पता चलता है कि इस नाम की कोई विभूति इस धरा पर हुई थी।

आज परिस्थितियाँ बदल गयी हैं, विश्व एक इकाई बन गया है, अत: किसी विभूति का कालान्तर में विस्मृति के गर्त में खो जाना सम्भव न हो सकेगा।

यह सब जानकर ही माँ अपनी जीवनी अपने जीवन में लिखने के विरुद्ध थीं। क्या उनका यह गुण प्राचीन भारतीय मनीषियों की परम्परा नहीं थी?

इसीलिए माँ किसी भारतीय के मिलने पर कहती थीं, "आप जन्म से भारतीय हैं, इसे एक संयोग ही कहा जाएगा, किन्तु मैं स्वयं भारतीय बनी हूँ।"

वस्तुत: भारतीय के रूप में जन्म लेना एक संयोग है। इसका श्रेय हम भारतीयों को नहीं दिया जा सकता, किन्तु माँ स्वयं भारतीय बनी थीं, अत: इसका श्रेय उन्हें मिलना ही चाहिए।

इस प्रसंग में हमें महाभारत के अप्रतिम महारथी कर्ण का स्मरण हो आता है। बेचारा कर्ण, अविवाहित माँ की सन्तान कर्ण, जिसे लोकलाज के भय से माँ नदी की गोद में विसर्जित कर देती है। संयोग से वह सूत को मिल जाता है। सन्तानहीन सूत ही उसका पालन-पोषण करता है। हीरा तो हीरा ही रहता है, चाहे वह जौहरी के पास रहे अथवा धूल में पड़ा हो। वह स्वयं कह देता है कि वह हीरा है।

परिस्थितियाँ कर्ण का साथ देती हैं, दुर्योधन उसे राजा बना देता है, यह बाद की बात है, किन्तु रूढ़ियों में जकड़ा भारतीय समाज उसकी योग्यता को न देख कर उसके कुल, गोत्र आदि को देखता है। उसे राजकुमारों के साथ किसी भी प्रतियोगिता में भाग लेने के सर्वथा अयोग्य समझा जाता है। तब कर्ण कह उठता है—

"मैं सूत हूँ, सूतपुत्र हूँ या जो कोई भी हूँ, इसमें मेरा क्या दोष? किसी भी कुल में जन्म लेना दैवाधीन है, जबकि पौरुष का परिचय देना मेरे अपने वश में है।"

कर्ण कहता है कि किसी भी खानदान में जन्म लेना मेरे वश में नहीं है; हाँ, वीरता का परिचय देना मेरे वश में है। नीच कुल में जन्म लेना मेरी अयोग्यता का परिचायक कैसे हो सकता है, क्योंकि यह मेरे वश में नहीं है। जो मेरे वश में है, उसकी बात करो।

माँ टेरेसा का कथन था, "मेरा जन्म भारत में नहीं हुआ, किन्तु मैं स्वयं भारतीय बन गयी हूँ।"

इन दोनों में किसे महान् कहा जाएगा, निश्चय ही जो अपने कर्मों से भारतीय बना हो।

परम्परागत रूप में सम्पन्नता प्राप्त होने पर यदि कोई उन्नति कर भी ले, तो इसमें उसे अधिक श्रेय नहीं दिया जा सकता, किन्तु जो स्वयं अपने बलबूते पर उन्नति करे, वह निश्चय ही महान् है।

यदि हम धार्मिक दुराग्रहों से मुक्त होकर विचार करें, तो कर्ण सभी पाण्डवों से कहीं अधिक महान् प्रतीत होता है। माँ टेरेसा तो सभी जन्मजात भारतीयों से महान् थीं ही।

इसे भी एक विचित्र संयोग ही कहा जाएगा कि माँ टेरेसा कितने ही मातृ–परित्यक्त कर्णों की माँ थीं। उनके ममतामय हाथों का; उनके वात्सल्य का सम्बल प्राप्त कर कितने ही कर्णों को एक नया जीवन मिला।

□□

माँ द्वारा भारत आने की इच्छा प्रकट किये जाने के बाद वह आयरलैण्ड की ईसाई संन्यासिनियों के सम्पर्क में आयीं। यह सम्पर्क उनके जीवन की एक महत्त्वपूर्ण घटना बना।

29 नवम्बर, 1928 ई. का शुभ दिन माँ टेरेसा के जीवन का एक महत्त्वपूर्ण एवं उल्लेखनीय दिन था। इसी दिन माँ ने भारत को प्रस्थान किया। पहले वह थर्फॉर्फहेम, डब्लिन (आयरलैण्ड) में लोरेटो अबे पहुँचीं। वहाँ से माँ भारत आयीं।

उनके चरणों के पावन स्पर्श से यह भूमि धन्य हो गयी। अब उनके लिए भारत ही उनकी भूमि हो गया था; जन्मभूमि न सही, कर्मभूमि हो गया था।

यहीं से माँ के जीवन के इतिहास का एक अविस्मरणीय एवं स्वर्णिम अध्याय प्रारम्भ हुआ।

यहीं आकर वह मदर टेरेसा बनीं।

भारत आकर उन्हें लगा था कि यही वह भूमि है, जहाँ उनकी महत्ती आवश्यकता है। कदाचित् उन्हें इसकी अनुभूति इस धरती पर पग रखते ही हो गयी थी कि उन्हें इस भूमि को अपनी कर्मभूमि बनाना है।

माँ का भारत आगमन एक संयोगमात्र था अथवा इसके पीछे अदृष्ट की कोई भूमिका थी, इस विषय में निश्चित रूप से कुछ नहीं कहा जा सकता। माँ के अनुसार तो सभी कार्यों के पीछे परमात्मा की ही प्रेरणा रही थी।

वह यहाँ क्यों आयीं? इस प्रश्न पर बहस सर्वथा निरर्थक ही होगी। वह यहाँ आयीं, यही महत्त्वपूर्ण है।

भारत आने के बाद माँ पहले दार्जिलिंग पहुँचीं। इसके बाद वह पुनः कलकत्ता लौट आयीं। यहीं से उनका कर्मक्षेत्र में अवतरण हुआ।

कर्मक्षेत्र में यह अवतरण एक अध्यापिका के रूप में हुआ। यहाँ वह सेंट मेरी हाई स्कूल में भूगोल पढ़ाती थीं। यह स्कूल कलकत्ता के इंटाली क्षेत्र में स्थित था। यहीं उन्होंने अठारह वर्षों तक अध्यापन किया।

अपने इस अध्यापन-काल में उन्हें दीन-दुःखियों की समस्याओं को निकट से देखने का अवसर मिला। कुछ वर्षों तक वह इस स्कूल की अध्यक्षा भी रहीं। यहीं उन्हें लोरेटो की सिस्टर्स के साथ परोक्ष रूप से 'डाटर्स आफ सेंट एन' का उत्तरदायित्व भी मिला।

सेंट मेरी स्कूल के समीप ही निम्नवर्गीय मोती झील की बस्ती थी। इसी बस्ती में माँ का सर्वप्रथम विपन्नता से साक्षात्कार हुआ, प्रभु यीशु की सच्ची शिष्या को उनका कार्यक्षेत्र मिला।

दरिद्रों-दुःखियों का दुःख देखकर माँ का ममत्व मुखरित हो उठा, उनका हृदय चीत्कार कर उठा।

स्कूल में अध्ययन-अध्यापन के समय माँ स्कूल में रहतीं और थोड़ा भी समय मिलने पर मोती झील की बस्ती में जा पहुँचतीं। वहाँ माँ बस्ती के बच्चों को बुलातीं। उनका दुःख-दर्द सुनतीं।

प्रायः यह कार्य स्कूल के मध्यान्तर-काल में होता। वहाँ से लौटने पर माँ के हृदय में उन्हीं दलित वर्गीय बच्चों के चित्र घूमते रहते। उनके इस कार्य का वर्णन करते हुए श्री सुदेव राय चौधरी ने लिखा है–

''सेंट मेरी स्कूल की दीवार के बाहर मोती झील बस्ती थी। हाँ, इसी बस्ती में माँ टेरेसा ने सबसे पहले दरिद्रता से साक्षात्कार किया। दरिद्रनारायण की सेवा में उनका मन रो उठता। स्कूल की आधी छुट्टी के समय वे सामने की मोती झील की बस्ती में चली जातीं। कच्चे घरों के आँगन में बैठकर लड़के-लड़कियों के सुख-दुःख की कहानियाँ सुनतीं। लौटकर कक्षा में बैठकर दरिद्र माता-पिता की निष्पाप सन्तान की दुःख-दुर्दशा का चित्र उनकी

आँखों के आगे तैर जाता। पढ़ाना बन्द कर छात्राओं को बुलाकर कहतीं, "तुम घर से रोज आधी छुट्टी के लिए खाना लाया करो। सप्ताह में एक दिन का खाना क्या तुम सामने की बस्ती में रहने वाले लड़के-लड़कियों को नहीं दे सकते?" माँ की बात पर सभी हाथ उठाकर सहमति प्रकट करते। दिन पर दिन यह सारा दृश्य देखने के बाद उनके भीतर और बाहर प्रबल उथल-पुथल उत्पन्न हो गयी मानो किसी ने हृदय के द्वार पर थपकी दी हो। वे फिर रुक न सकीं। बड़े दिन से पहले ट्रेन पर दार्जिलिंग जाने के दौरान उनका मन उलट-पलट हो गया। ऐड्रियाटिक की विशालता और हिमालय का विराट्त्व इन दोनों के सम्मिश्रण से गठित उनके देह-मन में एक परिवर्तन का ज्वार उठा। वही दिन उनके निर्णय लेने का दिन हुआ।"

दीन-दु:खियों के प्रति उनके हृदय में अंकुरित करुणा का यह बीज आने वाले समय में निरन्तर पल्लवित होता रहा। समय के साथ-साथ इसमें अनेक शाखाएँ-प्रशाखाएँ फूटीं और इसने एक विशाल वृक्ष का रूप लिया।

□□

एक निर्मल दर्पण ही प्रतिबिम्ब को यथारूप ग्रहण कर सकता है। इसी प्रकार एक स्वच्छ निर्मल हृदय ही परमात्मा की पुकार को सुन सकता है। माँ के हृदय में यह पुकार प्रथम बार तब उठी थी, जब वह स्कूल की विद्यार्थी थीं।

10 सितम्बर, 1946 को माँ रेलगाड़ी से दार्जिलिंग जा रही थीं उसी समय उनके अन्त:करण में एक ईश्वरीय प्रेरणा प्रादुर्भूत हुई। गाड़ी बढ़ती जा रही थी, सुन्दर मनोहर पहाड़ियाँ अपनी शोभा से मानव को कुछ अव्यक्त-सा सन्देश दे रही थीं, उसी समय माँ को लगा कि जैसे कोई उनसे कह रहा हो, तुम्हें सब कुछ त्याग कर उसका अनुसरण करना है, उसकी सेवा करनी है और उसकी यह सेवा दु:खियों, दरिद्रों, निराश्रितों, अबलाओं, रोगियों आदि की सेवा में ही है।

माँ ने इस ईश्वरीय आवाज़ को सुना, तब से माँ पूर्णतया अपने इस उद्देश्य के प्रति समर्पित हो गयीं।

माँ का कहना था कि यह सब ईश्वर की ही प्रेरणा थी। दु:खी, दरिद्र, दीन-हीन, पीड़ित, दलित सब प्रभु यीशु का ही रूप हैं, क्योंकि प्रभु यीशु ने कहा था, "मैं भूखा हूँ, मुझे भोजन दो। मैं वस्त्रहीन हूँ, मुझे वस्त्र दो। मैं आश्रयविहीन हूँ, मुझे आश्रय दो। मैं प्रेम के लिए कंगाल हूँ, मुझे प्रेम दो।" यीशु प्रेम के ईश्वर थे, वही बच्चों के रूप में अनाथ होकर पंगु होकर इनमें (शिशु सदन के बच्चों के रूप में) विद्यमान हैं।

माँ ने दरिद्रनारायण की सेवा के लिए ईश्वर की यह वाणी सुनी। यहाँ कुछ लोग यह आशंका व्यक्त करेंगे कि ऐसी अनुभूति माँ को ही क्यों हुई? इसके उत्तर में हम पहले ही लिख चुके हैं कि एक स्वच्छ निर्मल दर्पण ही स्वच्छ प्रतिबिम्ब को ग्रहण कर सकता

है। माँ का हृदय सर्वथा स्वच्छ, निर्मल और निष्कलुष था, अतः कोई आश्चर्य नहीं कि यदि उन्हें यह ईश्वरीय वाणी सुनायी दी।

माँ का कथन था कि हमें सोते-जागते प्रतिपल ईश्वर के पावन अस्तित्व का अनुभव होता है। बी.बी.सी. लन्दन से सम्बद्ध रहे मैल्कम मैगरिज ने अपनी पुस्तक "समथिंग ब्यूटीफुल फॉर गॉड" पुस्तक में एक घटना का उल्लेख किया है—बी.बी.सी. लन्दन के दूरदर्शन के लिए एक टी.वी. फ़िल्म बनायी जानी थी। इस कार्य के लिए मिस्टर मैल्कम मैगरिज कलकत्ता आये। फ़िल्म माँ टेरेसा और मिशनरीज ऑफ चैरिटी पर बनायी जा रही थी।

फ़िल्म बनाने वाला यह दल माँ की करुणा से अस्तित्व में आये 'निर्मल हृदय' (कालीघाट, कलकत्ता) आया। फ़िल्म बनने लगी। कैमरामैन का मत था कि कमरे के अन्दर फ़िल्म ठीक नहीं बनेगी, अतः फ़िल्म बाहर प्रकाश में बनाई जाए। फ़िल्म बाहर ही बनायी गयी। इसके बाद कुछ कार्य शेष रह जाने पर कमरे के अन्दर का चित्र भी ले लिया गया। इस दल को विश्वास था कि कमरे के अन्दर के चित्र नहीं आएंगे, यदि आएंगे भी, तो वह अच्छे नहीं होंगे। फिल्म बन गयी थी। बाद में फिल्म डेवलप की गयी, किन्तु यह देखकर सभी के आश्चर्य की सीमा न रही कि बाहर प्रकाश में खींची गयी फ़िल्म की तुलना में अन्दर अंधेरे में ली गई फ़िल्म अधिक साफ आयी थी, जबकि उसके आने की कोई सम्भावना ही न थी।

इस घटना के विषय में पूछे जाने पर माँ का उत्तर था कि यह घटना सत्य है। इसमें आश्चर्य करने अथवा विचित्र जैसी कोई बात नहीं है। परमात्मा प्रतिदिन, प्रतिपल अपने पावन अस्तित्व का आभास कराता रहता है। हम किसी न किसी घटना में उसके अस्तित्व का अनुभव कर सकते हैं।

माँ ने यह दिव्यवाणी सुनी, अपने अन्तःकरण में सुनी। ईश्वरीय आदेश था, जिसकी अवहेलना करने का प्रश्न ही नहीं उठता था।

दिव्य सन्देश, दरिद्रों की सेवा के लिए सर्वतोभावेन समर्पण का सन्देश। माँ ने सन्देश पर विचार किया। बार-बार यह अनुभूति उनके हृदय के द्वार खटखटाती रहती। उस समय माँ स्कूल की अध्यापिका थीं अतः इस अनुभूति के कारण तत्काल दरिद्रों की सेवा के लिए यह समर्पण सरल न था।

एक ओर सांसारिक कर्त्तव्य, दूसरी ओर ईश्वरीय आदेश। यह द्वन्द्व प्रायः दो वर्षों तक चलता रहा। अन्ततः ईश्वरीय आदेश की विजय हुई। माँ लोरेटो छोड़ देना चाहती थीं। इसके लिए वह मिशन के अधिकारियों से अनुमति लेना आवश्यक समझती थीं।

अध्यापिका के कार्य से मुक्त होने की अनुमति लेने में प्रायः दो वर्षों का समय लग गया। अधिकारियों से अनुमति मिल गयी। यह अनुमति मांगते समय उन्होंने अपने भावी कार्य का स्पष्ट उल्लेख कर दिया था। यहाँ से अनुमति मिल जाने पर उन्होंने रोम से

अनुमति मांगी। वहाँ से शीघ्र ही इस शुभ कार्य की अनुमति मिल गयी।

अब माँ पूर्णरूपेण दुःखियों की सेवा के लिए कर्मक्षेत्र में उतर पड़ीं।

18 अगस्त, 1948 के दिन माँ ने एक नये जीवन में प्रवेश किया दरिद्रनारायण की सेवा के जीवन में। उन्होंने अपने पूर्व परिधान का भी परित्याग कर दिया; ईसाई सिस्टर्स के वस्त्रों को तिलांजलि दे दी, अपने पूर्व रूप का परित्याग कर दिया और एक नया रूप, नया परिधान धारण कर लिया।

वह समग्र रूप में भारतीय बन गयीं। बिना समग्र रूप में भारतीय बने, बिना दलितों के रहन-सहन को आत्मसात् किये, भला उनके दुःखों से कैसे परिचित हुआ जा सकता था!

पूर्व वस्त्रों का परित्याग कर उन्होंने भारतीय वस्त्र साड़ी अपना ली और हाँ, यह साड़ी भी किसी सम्भ्रान्त अथवा मध्यवर्गीय महिलाओं की साड़ी नहीं, यह साड़ी थी, सफेद रंग की नीले पाड़ वाली साड़ी, जिसे दलित निर्धन महिलाएँ पहनती थीं, जिनका स्पर्श करने में भी भारतीय संकोच करते थे।

वनवास के लिए जाते समय भगवान राम ने अपने राजसी वस्त्र उसी प्रकार त्याग दिये थे, जैसे पानी काई को छोड़कर आगे बढ़ जाता है। माँ ने उसी प्रकार अपने अध्यापिका जीवन के वस्त्र त्याग दिये। वस्त्र ही नहीं अपना सर्वस्व त्याग दिया; वह स्कूल, जहाँ उन्होंने इतने लम्बे समय तक अध्यापन किया था, वे अध्यापिकाएँ, जिनके साथ पढ़ाया था और विद्यार्थी भी।

लोरेटो के बहुमूल्य सुन्दर वस्त्रों को त्याग दिया। नीले पाड़ की सफेद साड़ी पूरी बाँहों का ब्लाउज़ ही उनका नया परिधान बन गया। इसी परिधान को उन्होंने अपने मिशन की संन्यासिनियों के लिए चुना।

केवल परिधान ही नहीं रहन-सहन, आहार-व्यवहार आदि सभी कुछ भारतीय अपना लिया। घुटने मोड़कर जमीन पर बैठना, भात, दाल, दही, सब्जी थाली में लेकर हाथ से खाना, कपड़ों को बाल्टी में भिगोकर फर्श पर पटक-निचोड़ कर धोना इत्यादि सभी कुछ अपना लिया।

पूर्ण रूप में भारतीय बनने के लिए भारतीयता को; भारतीय आहार-व्यवहार को अपनाना माँ ने नितान्त आवश्यक समझा। भला निम्न वर्ग के पूर्ण रहन-सहन को अपनाये बिना उसका दुःख-दर्द कैसे समझा जा सकता था। ऐसा करने के लिए उनकी जीवनचर्या को आत्मसात तो करना ही पड़ेगा।

□□

यह माँ का सदेह पुनर्जन्म था अथवा इसे वैचारिक कायाकल्प भी कहा जा सकता है। अब वह सर्वथा बन्धनहीन हो गयी थीं, उन्होंने अपने अतीत को विदा दे दी।

पास में भौतिक साधनों का अभाव होने पर भी वह मानवता की सेवा के लिए कर्मभूमि में उतर पड़ीं, किन्तु कार्य की सिद्धि साधनों से नहीं, अपितु सत्त्व से, दृढ़ संकल्पशक्ति से होती है।

अपने महानतम् उद्देश्य के लिए माँ ने स्वेच्छा से दरिद्र जीवन का वरण कर लिया।

जिस वर्ग को भारतीय समाज अछूत समझता है, माँ ने उसी को अपना साथी बना लिया।

भारतीय वेदान्त दर्शन में जीवनमुक्त को मान-अपमान, गर्व-अहंकार, सुख-दुःख, ऊँच-नीच आदि से सर्वथा परे कहा गया है। इस स्तर पर पहुँच जाने पर मनुष्य गौ, ब्राह्मण, श्वान, चाण्डाल, अर्थात् प्रत्येक प्राणी में, प्राणी में ही नहीं, अपितु प्रत्येक वस्तु में, प्रत्येक स्थान में उसी एक परमात्मा को देखना है। ऐसे ही जीवनमुक्त को ज्ञानी अथवा पण्डित कहा गया है, किन्तु विडम्बना यह कि भारतीयों ने वेदान्त के इस आदर्श को तिलांजलि देकर ऊँच-नीच जैसी रूढ़ियों को अपना आदर्श बना लिया।

वेदान्त दर्शन के इस महनीय आदर्श को माँ टेरेसा ने अंगीकार किया, उन्होंने समाज के उपेक्षित वर्ग की सेवा को ही अपना धर्म बनाया।

□□

इस आदर्श को अपनाने के बाद माँ ने इसे कार्य रूप में परिणत करने का उपक्रम आरम्भ किया, क्योंकि संकल्प की सिद्धि सक्रियता से ही होती है, न कि केवल विचार कर लेने से।

सेवा करने के लिए पहले इस विषय में ज्ञान प्राप्त करना आवश्यक है। निम्न वर्ग की जीवनचर्या बड़ी ही दयनीय थी। गरीब बस्तियों में रोगों का सर्वाधिक प्रकोप रहता था। माँ का ध्यान सर्वप्रथम इसी समस्या की ओर गया। उन्होंने विचार किया कि सर्वप्रथम प्राथमिक उपचार तथा सामान्य औषधियों का ज्ञान प्राप्त करना चाहिए।

दलितों-दु:खियों की वास्तविक सेवा के लिए उन्हें स्नेह के साथ ही उन मूलभूत चीजों की भी आवश्यकता थी।

सुख-सुविधाओं को त्यागकर दरिद्रता को अपनाने के बाद माँ पटना गयीं, उद्देश्य था, नर्सिंग का प्रशिक्षण प्राप्त करना। पटना में माँ अमेरिकी मेडिकल मिशनरी की बहनों (सिस्टर्स) के पास गयीं, जिनसे उन्हें तीन मास तक यह प्रशिक्षण प्राप्त हुआ। प्रशिक्षण प्राप्त करने के बाद माँ पुन: कलकत्ता लौट आयीं।

बस, दरिद्रों की सेवा के लिए माँ का यह कार्य प्रथम चरण था। इसके बाद उन्होंने कभी पीछे मुड़कर न देखा, वह निरन्तर अपने लक्ष्य की ओर अग्रसर होती रहीं।

यद्यपि इस मार्ग में उन्हें अनेक बार भीषण कठिनाइयों का सामना भी करना पड़ा, किन्तु माँ सदा अटल-निश्चल, अविचलित रहीं। उन्हें परमात्मा पर पूरा विश्वास था। वह

जानती थीं कि बाधाएँ मानव की परीक्षा लेती हैं। यदि उद्देश्य महान् हो, तो परमात्मा अवश्य सफलता प्रदान करता है। उन्होंने अपने लक्ष्य को प्राप्त करने के लिए कभी पीछे मुड़कर नहीं देखा। बढ़ते रहो, तब तक, जब तक कि लक्ष्य की प्राप्ति न हो जाए , यही उनका मूलमन्त्र बन गया।

□□

इसके बाद माँ एक के बाद एक सोपान पार करती गयीं। पहले बाल्यकाल में वह अग्नेस गोनाक्सा बेजाक्सिउ थीं, फिर मेरी टेरीसा बनीं और अन्ततः वह ममता का मूर्त रूप माँ टेरेसा बन गयीं।

माँ ने यह नाम सोलहवीं शताब्दी की एक विख्यात् संन्यासिनी के नाम पर रखा। प्रायः चार सौ वर्ष पूर्व सन्त टेरेसा ने जीवन के सभी सुखों को त्याग कर इसी प्रकार प्रभु यीशु के आदर्शों के प्रचार के लिए अपने जीवन के अठारहवें वर्ष में ही संन्यास ले लिया था। उन्हें अपने साथी संन्यासिनों के दुर्व्यवहार का सामना करना पड़ा था। वह अपने जन्मस्थान आडिला (स्पेन) में एक नया मिशन स्थापित करना चाहती थीं। उनके इस कार्य का स्थानीय पादरियों ने कड़ा विरोध किया, किन्तु सन्त टेरेसा ने इस विरोध की कोई परवाह न की, उन्हें उनके कार्य के लिए पोप से अनुमति प्राप्त हो गयी। इसके बाद उन्होंने आडिला में नये मिशन की स्थापना की। उस समय उनके साथ केवल चार सहयोगिनें थीं और पूंजी के नाम पर थी एक अदम्य संकल्प शक्ति। अपनी इसी संकल्प शक्ति से उन्होंने स्पेन में धर्म-प्रचार किया।

□□

इसी महनीया विभूति को माँ टेरेसा ने अपना आदर्श बनाया। इस विभूति से प्रेरणा ग्रहण करने में समय और दूरी का अन्तराल किसी प्रकार बाधक नहीं बन सका।

समय-दूरी भौतिक बाधा ही उत्पन्न कर सकते हैं, न कि किसी के संकल्प को, यदि वह दृढ़ हो, तो डिगा सकते हैं। माँ की अदम्य-अगाध संकल्प-शक्ति के आगे कोई भी बाधा, कोई भी व्यवधान न ठहर सके।

लोरेटो में माँ बंगला माध्यम से शिक्षा देने वाले विभाग की अध्यक्षा थीं। इस पद का कार्यभार संभालने से पूर्व माँ ने स्वयं बंगला सीखी।

यह पद माँ के भावी जीवन के लिए एक सुनहरा अवसर सिद्ध हुआ। अपने इसी जीवन की अनेक छात्राएँ बाद में माँ की सहयोगिनें बनीं। उनकी इन सहयोगिनों में सिस्टर अग्नेस का नाम सर्वप्रमुख है, जो सन् 1948 में माँ की पहली सहयोगिनी बनीं।

इस शिक्षा मन्दिर के अध्यापकीय जीवन से ही माँ को दीन-दुःखियों की समस्याओं से परिचित होने का अवसर मिला।

इसी प्रेरणा से माँ विश्व का एक सर्वश्रेष्ठ व्यक्तित्व बनीं।

यहीं से माँ अपने लक्ष्य की ओर अग्रसर हुईं। आज भारत में मिशनरीज़ ऑफ चैरिटीज़ के अन्तर्गत साठ से अधिक संस्थाएँ कार्य कर रही हैं।

इस संस्था द्वारा इस समय प्राय: एक सौ स्कूलों, साढ़े तीन सौ मोबाइल डिस्पेंसरियों तथा लगभग 28 परिवार नियोजन केन्द्रों का संचालन हो रहा है। मिशनरीज़ ऑफ चैरिटीज़ के अधीन देश के विभिन्न नगरों में प्राय: 60-65 प्रतिष्ठान तथा विदेशों में लगभग तीस प्रतिष्ठान कार्य कर रहे हैं।

अन्तर्राष्ट्रीय प्रतिष्ठान 'इण्टरनेशनल एसोसिएशन ऑफ कोवर्कर्स ऑफ मदर टेरेसा' भी माँ की साधना का परिणाम है।

माँ केवल आहार व्यवहार में ही भारतीय नहीं; अपितु विचारों से भी भारतीय थीं। भारत की गौरवमयी परम्पराओं पर तथा यहां की चिन्तनधारा के लिए भी उनके हृदय में भारी सम्मान था। वह संयुक्त परिवार प्रथा की प्रबल समर्थक थीं। इस विषय में उनके निम्नलिखित शब्द उल्लेखनीय हैं—

''आज समग्र विश्व में संयुक्तता का प्रचलन हो गया है, किन्तु भारत में संयुक्त परिवार के समान आदर्श और क्या हो सकता है? किन्तु वही संयुक्त परिवार अब नि:शेष होते जा रहे हैं। पश्चिम के पगचिह्नों पर चलने पर यहाँ भी परिवार के नाम पर पति-पत्नी और उनके एक-दो बच्चे होते हैं। कुछ समय पूर्व यह अवस्था न थी। भारतीय सामाजिक जीवन को स्वस्थ और शक्तिशाली बनाने के लिए इसी संयुक्त परिवार प्रथा की ओर लौटना होगा।''

भारत की संयुक्त परिवार प्रथा को माँ पारिवारिक स्नेह के लिए नितान्त आवश्यक समझती थीं। जन्म से पश्चिमी जगत् की होने पर भी वह पश्चिमी देशों के खण्डित परिवारों को स्वार्थपरायणता का ही एक रूप समझती थीं। वह नहीं चाहती थीं कि भारत इस विषय में पश्चिमी देशों का अन्धानुकरण करे। उनका स्पष्ट मत था कि यदि भारत को भारत रहना है और अपने समाज को शक्ति सम्पन्न बनाना है, तो उसे अपने संयुक्त परिवार की स्वस्थ परम्परा को पुन: अपनाना होगा।

पश्चिमी जगत् की स्वार्थपरायणता को अपनाना माँ टेरेसा भारत के लिए हानिकारक समझती थीं। वहाँ आज वृद्ध लोग उपेक्षितों जैसा जीवन बिताने के लिए बाध्य हो जाते हैं। इस अपनत्वविहीन एकांकीपन को माँ मानवता के लिए एक दु:साध्य रोग समझती थीं। विपन्न होने पर भी भारतीय सन्तुष्ट रहते हैं, किन्तु पाश्चात्य देशों में सम्पन्नता होने पर भी शान्ति नहीं है। भारतीयों के इस गुण की प्रशंसा में माँ ने कहा था—

''हमारे देश के इन सब रोगी लोगों को देखो : जीवन के प्रत्येक क्षेत्र में अभावग्रस्त रहने पर भी ये सन्तुष्ट रहते हैं। अन्न नहीं, वस्त्र नहीं, किन्तु उन सब के लिए कोई खेद

नहीं। इन लोगों ने भाग्य को सर्वस्व मान लिया है, मानो यही उनकी नियति हो, किन्तु ऐसा नहीं। सहनशीलता असाधारण है। इसी में इनकी महानता है। पश्चिमी देशों में इसका बड़ा अभाव है। उनमें सन्तोष नहीं है, अतः दुःख की वेदना अत्यन्त तीव्र होती है। वे हमारी तरह सरलता से नहीं मान सकते। इसीलिए उन्हें शान्ति नहीं मिलती, किन्तु इस देश में सर्वथा विपन्न लोगों के आगे एक थाली चावल रख देने से ही समाधान हो जाता है। समस्त अभाव पल भर में दूर हो जाते हैं। .... कैसा महान् है, यह जीवन! इन साधारण लोगों में कितनी असाधारणता छिपी हुई है.........मुझे स्वयं नहीं लगता कि मैं उन लोगों की तरह सरल और सहज हो पाऊँगी; प्रतिवादहीन, अभियोगहीन और बन्धनहीन हो सकूँगी।''

माँ का सब कुछ भारतीय था। वह रहन–सहन आचार–व्यवहार और विचारों से भी भारतीय थीं।

कदाचित् माँ के पश्चिमी देश में जन्म को प्रकृति की एक भूल कहना उचित होगा।

भारत को अपनी कर्मभूमि बनाकर माँ ने प्रकृति की इस भूल को सुधारा था ।सम्भवतः उनके भारत आगमन के पीछे भी कोई दैवी प्रेरणा रही हो।

माँ को भारतीय होने पर गर्व था, इसीलिए वह अभिमानपूर्वक कहती थीं, ''मैं स्वेच्छा से भारतीय बनी हूँ।''

क्या हुआ, जो माँ का जन्म भारत में न भी हुआ तो, वह एक सच्ची भारतीय थीं।

महानतम लक्ष्य की ओर

नर्सिंग का प्रशिक्षण प्राप्त कर माँ पुनः कलकत्ता लौट आयीं। पुराने स्कूल से सम्बन्ध विच्छेद हो चुका था। न रहने का कोई स्थान था, न भोजन की व्यवस्था।

यदि सब सुख-सुविधा प्राप्त हो, तो कार्य करने में विशेषता ही क्या है। विशेषता तो तभी कही जा सकती है, जब पल्ले में कुछ भी न हो, किन्तु व्यक्ति महान् कार्य को सिद्ध कर दिखाये। आचार्य चाणक्य सर्वथा साधनविहीन थे, फिर भी उन्होंने अपनी अदम्य संकल्पशक्ति से अपने अद्‌भुत राजनीतिक कौशल से नन्द वंश का विनाश कर मौर्य वंश की स्थापना का श्रेय प्राप्त किया। हालांकि चाणक्य का यह कार्य व्यक्तिगत अहं से परिपूर्ण कहा जा सकता है, किन्तु माँ टेरेसा का कार्य सर्वथा शुद्ध एवं मानवता से परिपूर्ण था।

कलकत्ता लौटने पर माँ 'लिटिल सिस्टर्स ऑफ पूअर' संस्था में आयीं। उनके मानस में रह-रहकर मोती झील की बस्ती घूम रही थी। वह उसी बस्ती से अपने कार्य का श्रीगणेश करना चाहती थीं। उन्होंने वहीं एक स्कूल खोलना उचित समझा। 21 दिसम्बर 1948 को उन्हें इस स्कूल के लिए अनुमति प्राप्त हो गयी।

अभी तक माँ ने भारतीय नागरिकता ग्रहण नहीं की थी। भारत में रहना है, भारतीयों की सेवा करनी है, भारतीय बनकर रहना है, तो भारतीय नागरिकता भी ग्रहण करनी चाहिए, यही विचार कर माँ ने 1948 में भारतीय नागरिकता भी ग्रहण कर ली।

विचारों से तो वह भारतीय पहले ही बन गयी थीं, किन्तु वैधानिक समस्याओं के कारण नागरिकता भी प्राप्त करनी थी, अतः यह औपचारिकता भी पूर्ण कर ली।

अब माँ पूर्णतया भारतीय नागरिक थीं। भारतीय नागरिक, भारतीय परिधान, यीशु प्रेरित भारतीय विचार, दीन-हीनों की भारतीय माँ।

माँ ने भारतीयों के दुःखों को दूर करने का संकल्प लिया। अनाथों के परित्राण का, दुःखियों के दुःख दूर करने का, परित्यक्तों को शरण देने का, रोगियों के उपचार का, सेवा का संकल्प।

□□

जिस समय माँ ने लोरेटो स्कूल से त्यागपत्र दिया, उस समय उनके पास पूंजी के नाम पर केवल पाँच सौ रुपये थे, किन्तु यह भौतिक पूंजी भले ही नगण्य हो, उनके पास आत्मबल की जो पूंजी थी, उसके सामने कोई भी सांसारिक साधन नगण्य ही कहा जाएगा।

□□

छान्दोग्य उपनिषद् में ऋषि सत्यकाम का उल्लेख हुआ है। बालक सत्यकाम एक दासी जाबाला का पुत्र था। बालक कुछ बड़ा हुआ। माँ ने उसे अध्ययन के लिए गुरु के आश्रम में भेजा। तत्कालीन गुरुकुल परम्परा के अनुसार गुरु ने सत्यकाम से पूछा, ''तुम्हारा कुल-गोत्र क्या है? तुम्हारे पिता का क्या नाम है?''

बालक सत्यकाम इस सबसे सर्वथा अपरिचित था। वह कोई उत्तर न दे सका और घर लौट आया। उसने माँ से पूछा, ''माँ, मेरे पिता का क्या नाम है? मेरा कुल-गोत्र क्या है?''

जाबाला के पास भी इसका कोई उत्तर न था, किन्तु पुत्र की जिज्ञासा को शान्त करना भी आवश्यक था। उसने कहा, ''पुत्र! मैं एक दासी रही हूं; मुझे अपने जीवन में अनेक पुरुषों की सेवा करनी पड़ी, अत: मैं तुम्हारे कुल-गोत्र और पिता का नाम बताने में असमर्थ हूँ। तुम गुरु के आश्रम में जाना और गुरु से कहना कि तुम्हारा नाम सत्यकाम है और तुम्हारी माँ जाबाला है, अत: तुम सत्यकाम जाबाला हो।''

बालक सत्यकाम सन्तुष्ट हो गया। दूसरे दिन वह पुन: गुरु के आश्रम में पहुँचा। गुरु ने उससे पुन: उसके कुल-गोत्र तथा पिता का नाम पूछा। बालक सत्यकाम ने निर्भीकता से उत्तर दिया, ''मेरी माँ एक दासी थीं, उसे अपने जीवन में अनेक अतिथियों की सेवा करनी पड़ी, अत: वह स्वयं मेरे पिता और कुल-गोत्र का नाम बताने में असमर्थ हैं। मेरा नाम सत्यकाम है। मेरी माँ जाबाला हैं, अत: मैं सत्यकाम जाबाला हूँ।''

बालक सत्यकाम के इस निर्भीकतापूर्वक दिये गये उत्तर से गुरु अत्यन्त प्रभावित हुए और बोले, ''इतना स्पष्ट उत्तर कोई ब्राह्मण ही दे सकता है। सत्य को इस प्रकार स्वीकार करने का साहस किसी ब्राह्मण में ही हो सकता है। तुम सच्चे अर्थों में ब्राह्मण हो। मैं तुम्हें अपना शिष्य बनाता हूँ।''

यहाँ हम गुरु के शब्दों पर विचार करें तो इससे कुछ नये तथ्यों पर प्रकाश पड़ता है। गुरु ने सत्यकाम को ही सच्चा ब्राह्मण बताया है, क्योंकि उसने सत्य को निर्भीकता के साथ स्वीकार किया है। गुरु ने यह नहीं कहा कि सत्यकाम ब्राह्मण का पुत्र है, अपितु कहा कि वह सच्चा ब्राह्मण है; अर्थात् ब्राह्मणत्व व्यक्ति की अपनी सत्यनिष्ठा-सत्यपरायणता पर निर्भर करता है; न कि उसके वंश, कुल अथवा गोत्र पर।

किन्तु परवर्ती भारतीय समाज के कितने लोगों ने ब्राह्मणत्व की इस पहचान को स्वीकार किया?

आज यदि समाज में कोई ऐसा सत्यकाम, कर्ण अथवा कबीर उत्पन्न हो जाए, तो उसकी जन्मदात्री माँ उसे त्याग देना ही श्रेयस्कर समझेगी। हमारा वेदकालीन गौरवमय समाज अपनी गौरवमयी परम्पराओं को अक्षुण्ण न रख सका। पुराणों या महाकाव्यों के

काल से ही धार्मिक रूढ़ियाँ अपना प्रभाव दिखाने लगी थीं, इसीलिए महाभारत के अप्रतिम महारथी कर्ण को प्रताड़ित होना पड़ा था। उसका दोष केवल यही था कि समाज की दृष्टि में उसके माता-पिता अज्ञात थे; उसका पालन-पोषण एक सूत के घर में हुआ था।

□□

हम यह तो नहीं कह सकते कि परित्यक्त शिशुओं को नया जीवन देने की प्रेरणा माँ को वेदों से मिली, फिर भी हमारी गौरवमयी परम्पराओं तथा वर्तमान रूढ़ियों का तुलनात्मक पक्ष प्रस्तुत करने के लिए हमने वैदिक समाज की उपर्युक्त घटना का उल्लेख किया। इस वर्णन के बाद हम पुनः पुस्तक के वर्ण्य विषय पर आते हैं।

लोरेटो के स्कूल से त्यागपत्र देने के बाद माँ ने सियालदह के समीप एक अत्यन्त पुराने भवन में रहने की व्यवस्था की। वहीं से उन्होंने अपने भावी कार्यक्रम के सोपान की आधारशिला रखी।

प्रभु यीशु का सन्देश है, "पाप से घृणा करो, पापी से नहीं।" क्या प्रभु यीशु का यह सन्देश केवल क्राइस्ट के मतानुयायियों के लिए है?

कदापि नहीं। महापुरुषों की शिक्षा अथवा उनका अशेष जीवनचरित किसी वर्ग अथवा सम्प्रदाय विशेष की सम्पत्ति नहीं होता, अपितु वह मानवमात्र की धरोहर होता है। यीशु के उपदेशों के अनुसार आचरण करने के लिए ख्रीष्टीय मत की दीक्षा लेना आवश्यक ही हो, ऐसा नहीं कहा जा सकता। उनकी शिक्षा सभी के लिए है, उनमें मानवमात्र के कल्याण की भावना निहित है।

सियालदह के अपने उपर्युक्त निवास स्थान में माँ अनेक परित्यक्त शिशुओं का पालन करने लगीं।

ऐसे शिशुओं का, जिन्हें हमारा समाज सर्वथा अवांछित समझता है। जो सर्वथा निर्दोष होते हुए भी एक अभिशप्त जीवन जीने के लिए बाध्य कर दिए जाते हैं। उन्हें जन्म देने वाले तो समाज में शुभ्र वस्त्रों में घूमते रहते हैं, किन्तु उन निर्दोषों को समाज दुत्कार देता है।

एक कमरे के आवास में माँ अपने अनेक बच्चों के साथ रहतीं। पास में साधनों का अभाव था। खाने के लिए सामान्य बंगाली भोजन दाल-भात की भी व्यवस्था न थी। यदा-कदा रात्रि में भूखा ही रहना पड़ता था। फिर भी माँ तो माँ ही थीं। वह अपनी इन निरीह-निर्दोष सन्तानों को गले से लगाये रहीं।

पुत्र भले ही कुपुत्र हो जाए, किन्तु माता कुमाता नहीं हो सकती। अपने इन दिनों की चर्चा करते हुए माँ ने लिखा है, "हम कभी-कभी पूरे दिन अथवा एक समय निराहार रहकर उपवास रखते हैं, तो हमें कितने कष्ट का अनुभव होता है। फिर जिन्हें कई दिनों तक भूखा रहना पड़ता है या आधा पेट भोजन मिलता है, उनके लिए दो मुट्ठी अन्न देना तो बहुत दूर की बात, जो चीज बिना कुछ व्यय किए दी जा सकती है, अर्थात् वाचिक

सहानुभूति, क्या हम इसे देते हैं?"

वस्तुतः सहानुभूमि के लिए किसी को कुछ भी व्यय नहीं करना पड़ता। सहानुभूति, स्नेह, प्रेम, अपनत्व का भी मानव-जीवन में उतना ही महत्त्व है, जितना भोजन, वस्त्र आदि का। इन मानवीय गुणों के अभाव में सब-कुछ होने पर भी मानव-जीवन नीरस प्रतीत होने लगता है।

जिस व्यक्ति के हृदय में मानवता के लिए प्रेम होगा, सहानुभूति होगी, वही मानवता की सेवा के लिए आत्मसमर्पण कर सकता है।

यीशु मानवता के कल्याण के लिए ही क्रूस पर लटके।

अब्राह्म लिंकन दलित दासों के उत्थान के लिए बलिदान हो गये।

मार्टिन लूथर किंग दलित भाइयों के उद्धार के लिए गोली के शिकार बन गये।

भगवान् बुद्ध ने मानवता को सत्य का नया मार्ग दिखाने के लिए राज-वैभव का परित्याग कर दिया।

और भी न जाने कितने ज्ञात-अज्ञात मनीषियों ने परोपकार के लिए अपने प्राणों का, अपना सर्वस्व बलिदान कर दिया। माँ टेरेसा भी इसी परम्परा की एक विभूति थीं।

□□

किसी भी महान् उद्देश्य के लिए अग्रसर होने पर प्रारम्भ में कठिनाइयों का सामना करना ही पड़ता है। माँ भी इसकी अपवाद नहीं रहीं। उनके कार्य के श्रीगणेश का प्रथम वर्ष बड़ी ही कठिनाइयों में व्यतीत हुआ।

दिसम्बर 1948 में जब उन्हें उपर्युक्त स्कूल खोलने की अनुमति मिल गयी, तो माँ ने वहाँ कार्य आरम्भ कर दिया। प्रायः दो मास बाद उनके रहने की भी व्यवस्था हो गयी। इस व्यवस्था का श्रेय श्री माइकल गोमेज़ को मिलता है।

कलकत्ता के प्राची सिनेमा से आगे मौलाली मोड़ की ओर बढ़ने पर दाहिनी ओर पटरी पड़ती है। वहीं पर एक डेण्टल कालेज है। इस कालेज से मिली हुई एक गली आगे जाकर मलिक स्क्वायर में मिलती है। वहीं पर माइकल गोमेज़ का पुश्तैनी मकान है, जो अब काफी पुराना हो गया है। सन् 1947 में जब देश का विभाजन हुआ, माइकल गोमेज़ के दो भाई पूर्वी पाकिस्तान चले गये। उन्हें कलकत्ता के आर्क विशप ने ईसाई समाज की सेवा के लिए वहाँ भेजा था।

माइकल गोमेज़ की पुत्री इटली में माँ टेरेसा की छात्रा रह चुकी थी। इस प्रकार गोमेज़ परोक्ष रूप में माँ को अवश्य जानते थे, किन्तु अभी तक उनका माँ से साक्षात्कार नहीं हुआ था।

जिस समय माँ टेरेसा नर्सिंग का प्रशिक्षण लेने पटना गयी हुई थीं, उन्होंने पादरी हेनरी को लिख भेजा था कि वह शीघ्र कलकत्ता लौटेंगी, अतः उन्हें रहने के लिए स्थान

की आवश्यकता पड़ेगी।

माँ को आवास की आवश्यकता अवश्य थी, किन्तु आवास से उनका तात्पर्य किसी सुख-सुविधा सम्पन्न आवास से नहीं था। उन्हें तो सिर छिपाने के लिए जगह भर चाहिए थी, फिर भला वह कोई झोपड़ी ही क्यों न हो।

इसी बीच श्री गोमेज़ की माँ गम्भीर रूप से अस्वस्थ हो गयीं। उनका अन्तिम समय जानकर पादरी हेनरी गोमेज़ के घर पहुँचे। उन्होंने रोगिणी को बाइबिल के कुछ महत्त्वपूर्ण अंश सुनाये। इसके बाद उन्होंने गोमेज़ के सामने माँ टेरेसा की समस्या रखी कि उन्हें रहने के लिए किसी साधारण कमरे की आवश्यकता है। उन्होंने यह भी बताया कि माँ किसी उच्चवर्गीय बस्ती में नहीं रहना चाहतीं, वह गरीबों के लिए कार्य करना चाहती हैं, अतः उन्हें अत्यन्त साधारण कमरा चाहिए।

फादर हेनरी के मुँह से यह सुनते ही माइकल गोमेज़ की नन्ही बिटिया कह उठी, ''हमारी ऊपर वाली मंज़िल खाली है, क्या आप एक बार उसे देख लेंगे?''

''हाँ, देखना तो चाहता हूँ।'' फादर हेनरी ने कहा।

''चलिए, देख लीजिए।'' गृहस्वामी ने कहा।

इसके बाद फादर हेनरी ने ऊपर की मंज़िल देखी। माइकल के दोनों भाइयों के पूर्वी पाकिस्तान चले जाने से ऊपरी मंज़िल का एक बहुत बड़ा कमरा खाली पड़ा था। वहाँ उनका कुछ सामान रखा हुआ था। कमरा देख फादर को कुछ निराशा जैसी हुई। वह बोले, ''अग्नेस को कोई छोटा-सा कमरा चाहिए। यह कमरा तो बड़ा है।''

माइकल गोमेज़ ने वह कमरा माँ टेरेसा को देना स्वीकार कर लिया। अतः माँ के वहाँ रहने की व्यवस्था निश्चित हो गयी।

पटना से लौटने के बाद माँ ने श्री माइकल गोमेज़ के घर को अपना निवास स्थान बनाया। जिस समय माँ ने वहाँ अपना डेरा जमाया, उनके पास व्यक्तिगत सम्पत्ति के नाम पर लकड़ी का एक सन्दूक, एक कुर्सी, एक अटैची तथा एक पैकिंग केस, ये चार सामग्री थीं। उनका पैकिंग केस ही उन्हें मेज़ का काम भी देता था।

माइकल गोमेज़ ने जिस उदारता का परिचय दिया, उसकी केवल वाचिक प्रशंसा कर देना पर्याप्त नहीं होगा। वह माँ से किराया लेना तो दूर की बात अपितु यदा-कदा उनकी अन्य प्रकार से सहायता करने में भी पीछे नहीं रहते थे।

ये दिन माँ का परीक्षा काल कहे जा सकते हैं। एक बार जुलाई का महीना था। रात्रि के दस बजे माँ अपने आवास पर लौटीं। वर्षा के कारण वह पूरी तरह भीग गयी थीं। लौटने के लगभग तीन मिनट बाद उन्होंने माइकल गोमेज़ के पास एक चिट भेजी, जिसमें लिखा था—''गोमेज़, घर में चावल का एक दाना भी नहीं है, जबकि अभी दो लोगों ने खाना नहीं खाया है, क्या आप कुछ उधार दे देंगे, जिससे मेहमानों को खाना

खिलाया जा सके?"

गोमेज़ महोदय ने माँ की समस्या तुरन्त हल कर दी। यह घटना माँ की उन परिस्थितियों का एक संकेत मात्र है, जिनका उन्हें उस समय सामना करना पड़ता था। ऐसा अक्सर होता रहता था।

महान् संकट में भी धैर्य का परित्याग नहीं करना चाहिए, धैर्य धारण करने से ही कदाचित् विपत्ति से छुटकारा मिल जाए। समुद्र में जलयान के टूट जाने पर भी नाविक हतोत्साहित नहीं होते और जीवन के अन्तिम क्षण तक तैरते रहने का प्रयत्न करते रहते हैं।

यह कथन माँ के जीवन पर भी सत्य चरितार्थ होता है। इन कठिनाइयों से माँ कभी विचलित नहीं हुईं। संघर्ष करो, कठिनाइयों से विचलित न होओ, माँ ने इसी आदर्श को सदा अपने सामने रखा।

इस छोटे से मकान से प्रारम्भ हुआ माँ का यह शुभ कार्य निरन्तर आगे बढ़ता रहा। गोमेज़ परिवार ने माँ के कार्य में सदा अपना सहयोग दिया। श्री सुदेव राय चौधरी ने एक घटना का उल्लेख किया है, जिससे माँ के कार्य में श्री गोमेज़ के परिवार द्वारा दिये गये एक अविस्मरणीय अवदान का परिचय मिलता है। माँ का कार्य बढ़ता गया। एक दिन माँ ने माइकल गोमेज़ के पास एक पुर्ज़ा भेजा, जिसमें लिखा था, "एक सिस्टर यहाँ पहुँच रही है, जो चेचक से पीड़ित है, क्या उसके लिए एक पृथक् कमरे की व्यवस्था हो सकती है?"

भला चेचक जैसे रोग से पीड़ित व्यक्ति को अपने घर में ठहराने के लिए कौन सहमत होता है! किन्तु गोमेज़ परिवार ने इसके लिए तुरन्त व्यवस्था कर दी। इसके बाद बाथरूम की समस्या थी, दो बाथरूम थे, जिनका उपयोग करने वाले तीस व्यक्ति थे। रोगिणी को सुविधा देना बहुत आवश्यक था, अतः अन्य सदस्यों के लिए छत पर एक अस्थायी बाथरूम बना दिया गया।

माँ के व्यक्तित्व का प्रभाव कहें अथवा गोमेज़ परिवार की सदाशयता, माँ ने उन कठिनाइयों पर विजय प्राप्त की।

इन कठिनाइयों का समग्र वर्णन सम्भव नहीं है, क्योंकि इनकी कोई सूची किसी के पास नहीं है और माँ स्वयं भी नहीं चाहती थीं कि उनके इन कष्टों का बखान किया जाए।

वस्तुतः माँ के लिए सुख-दुःख, लाभ-हानि समान थीं, दुःखों का उनकी दृष्टि में कोई अस्तित्व ही नहीं था, वह दुःखों को भी एक सहज-सामान्य भाव से लेती थीं। प्रारम्भ में तो भोजन की व्यवस्था भी नहीं हो पाती थी।

प्राचीनकाल से ही भारतीय संन्यासी भिक्षा माँगकर जीविका का निर्वाह करते आ रहे हैं, अतः माँ को भी कई बार इसी परम्परा का निर्वाह करना पड़ा, द्वार-द्वार जाकर मधुकरी (भिक्षा) माँगनी पड़ती थी। किसी तरह गुज़ारा हो जाता था।

जिस समय मोती झील बस्ती में माँ ने विद्या मन्दिर का श्रीगणेश किया, उनके पास पैसों का सर्वथा अभाव था। चारों ओर झोपड़ियों से घिरे हुए एक रिक्त स्थान पर इस विद्या मन्दिर की नींव पड़ी। उस समय स्कूल अवश्य अस्तित्व में आ गया था, किन्तु स्कूल के लिए न तो कोई भवन था, न मेज़, कुर्सी, न श्यामपट आदि अन्य आवश्यक साज-सामान ही। पूर्णतया खुले आकाश के नीचे स्कूल अस्तित्व में आया।

उस स्थान पर न तो कोई वृक्ष था, न ही कोई अन्य पेड़-पौधा। माँ ने एक मजदूर लगाया, जिसने फावड़े से नीचे का कूड़ा इत्यादि एक ओर कर दिया।

'करतल भिक्षा तरूतल वास:' की उक्ति को चरितार्थ किया माँ ने। उसी ज़मीन पर एक पतली लकड़ी से बंगला वर्णमाला के अक्षरबोध से इस स्कूल का अध्यापन कार्य प्रारम्भ हुआ। सर्वप्रथम एक प्रार्थना का पाठ हुआ और फिर अंग्रेज़ी की कविता पढ़ायी गयी।

यह उनके स्वप्रयत्न से प्रारम्भ किये गये नये विद्या मन्दिर का शुभारम्भ था और उनके नये अध्यापकीय जीवन का भी। उसी दिन एक सज्जन माँ के पास पहुँचे। उन्होंने माँ के इस विद्या मन्दिर के लिए कुछ धनराशि दी। यह धनराशि उस सज्जन ने स्वेच्छा से दी। जब उन्हें इसकी रसीद दी गयी, तो वह कल फिर आने के लिए कहकर चले गये और वह कल फिर कभी नहीं आया।

वस्तुत: उद्देश्य सत् हो और विचार शुद्ध हों, तो कुछ काल के लिए कठिनाइयाँ भले ही मार्ग से विचलित करने का प्रयत्न करें, अन्तत: साधन जुट ही जाते हैं।

निर्मल शिशु भवन

माँ, माँ होती है। ममता, प्रेम वात्सल्य और स्नेह की मूर्ति होती है, उसे अन्य कोई विशेषण देना कहाँ तक उचित है, इस विषय में हम कुछ नहीं कह सकते।

और फिर माँ टेरेसा तो विश्व की एक अद्‌भुत, अनोखी और अलौकिक माँ थीं। उनके वात्सल्य से आज अनेक शिशु, ऐसे शिशु, जिनके जन्मदाताओं ने उन्हें अवांच्छित समझकर उनके जन्म लेते ही ऐसे त्याग दिया था, जैसे वे सजीव मानव न होकर कोई निष्प्राण त्याज्य वस्तु हों, सुखी व समृद्ध जीवन बिता रहे हैं।

भारत में माँ की कर्मभूमि का मुख्य केन्द्र कलकत्ता था, भारत की सर्वाधिक जनसंख्या वाली व्यस्ततम नगरी कलकत्ता, जहाँ एक ओर अभिजात्य वर्ग है, उसकी ऊँची-ऊँची भव्य अट्टालिकाएँ हैं, वहीं दूसरी ओर ऐसे लोग भी हैं, जिनके पास न दो जून की रोटी है, न सिर छिपाने की जगह।

इसी कलकत्ता महानगरी में 94/ए, लोअर सर्कुलर रोड, कलकत्ता-6 पर, मिशनरीज ऑफ चैरिटीज़ का कार्यालय है। यही माँ के कार्य-कलापों का मुख्य केन्द्र है।

इसके पास इण्टाली मार्केट की विपरीत दिशा में जोड़ा गिरजाघर के सामने लोअर सर्कुलर रोड (सम्प्रति: आचार्य जगदीश बसु रोड) पर ही 'निर्मल शिशु भवन' है। भवन की दूसरी मंजिल पर जाने पर सामने दीवार पर टंगे चित्र पर लिखा है :-

**"The poors want your love,
Not service only."**

एक विदेशी पर्यटक ने निर्मल शिशु भवन के बारे में लिखा था :

वहाँ प्रवेश करते ही माँ के ममतामय ह्रदय का परिचय स्वत: ही मिल जाता है। वहाँ प्रवेश करते ही कई छोटे-छोटे शिशु हँसते-मुस्कराते, किलकारियां भरते माँ के विशाल ह्रदय की कहानी अपने आप कह देते हैं।

वहाँ नि:स्वार्थ सेवा का जो रूप देखने में आता है, उसके समक्ष सिर स्वत: ही श्रद्धा से झुक जाता है। अनेक बच्चे दिखायी देंगे—कुछ बैठे, कुछ लेटे, कुछ लड़खड़ाकर चलने का उपक्रम करते और कुछ घुटनों के बल चलते।

नि:स्वार्थ सेवा की प्रतिमूर्ति कई संन्यासिन बहिनें वहाँ अपने मानव-जीवन की सार्थकता को सिद्ध करती हुई दिखायी देंगी। कोई बच्चों को तेल की मालिश कर

रही है, कोई नहला रही है, कोई खिलौनों से बच्चों का मन बहला रही है, कोई छः मास के शिशु को बोतल से दूध पिला रही है और कोई चार-पाँच वर्ष के शिशु को भात खिला रही है।

चारों ओर छोटी-छोटी चारपाइयां लगी हैं। कुछ शिशु लेटे हैं, कुछ बैठे हैं, तो कुछ साफ-सुथरे फ़र्श पर ही लेटे या बैठे हैं।

स्वयं माँ किसी शिशु को अपनी गोद में लेकर दुलार-पुचकार रही हैं। किसी चंचल बालक के पाँव में पट्टी बंधी है, वह लंगड़ा कर चल रहा है, तो माँ झट कह उठती हैं, ''तुम्हारे पैर में पट्टी क्यों बंधी है, जरूर कोई शरारत की होगी।'' माँ उस बच्चे के पैर को छूकर उसे अपने गले से लगा लेती हैं। इस पर एक अन्य सिस्टर बताती है, ''सीढ़ियाँ उतर रहा था, सहसा पैर फिसल गया।''

किसी मूक बालिका का परिचय देते हुए माँ कहतीं, ''इसे सड़क से उठाकर लायी हूँ, उस समय यह एक सद्योजात शिशु थी। अब शिशु भवन की सिस्टर्स ही इसके माता-पिता हैं।''

कोई बालिका माँ की गोद से उतरना ही नहीं चाहेगी। किसी ने पूरे कपड़े नहीं पहने हैं, तो माँ चुपके से उसके कान में कहेंगी, ''बिटिया! तुमने पूरे कपड़े नहीं पहने, यह तो अच्छी बात नहीं है।''

कोई बालक अपने मधुर स्वर से गाना गा रहा है, तो कोई माँ के समक्ष योगासन में बैठा हुआ है।

□□

इन सभी बच्चों का अपना एक अतीत रहा है, एक दर्दनाक अतीत, ज्ञात या अज्ञात अतीत, किन्तु माँ की करुणामयी दृष्टि से वे उस दर्द से, उस अभिशाप से मुक्त हो गये हैं, जो उन्हें माँ की ममता से वंचित रहने पर भुगतना पड़ता।

अब वे बच्चे अनाथ नहीं हैं, निराश्रय नहीं हैं। उन्हें माँ का सबल आश्रय प्राप्त है। शिशु भवन की बहिनें प्रत्येक शिशु में प्रभु यीशु के बालरूप के दर्शन करती हैं। इन अबोध, निष्पाप, निष्कलुष शिशुओं के लिए शिशु भवन की बहिनें ही मां हैं।

आखिर हों भी क्यों नहीं। जन्म देने वाली माताओं ने तो उन्हें जन्म देकर ही अपने कर्तव्य की इतिश्री समझ ली। क्या जन्म देकर सन्तान को एक अभिशप्त जीवन जीने के लिए छोड़ देने वाली माँ वस्तुतः माँ कहे जाने की अधिकारिणी है। या माँ वह है, जो बालक को अपनी निश्च्छल ममता से अभिविंचित करती हैं?

इसीलिए शिशु भवन के शिशु यहाँ की बहिनों को ही अपनी माँ समझते हैं। जिस प्रकार सामान्य घरों में बच्चा अपनी माँ को देखकर ललक उठता है और दौड़कर उसका पल्लू पकड़ लेता है, ऐसे ही दृश्य शिशु भवन में भी देखने में आते हैं। बहिनों

(सिस्टर्स) को देखने पर इन बच्चों को वही प्रसन्नता होती है, जो एक बच्चे को अपनी माँ को देखने पर होती है। उन्हें देखते ही बच्चे भागे-भागे उनके पास जाकर उनकी साड़ी का पल्लू थाम लेते हैं। कोई उनकी पीठ पर झूलने लगता है और कोई किसी प्रकार कन्धे पर चढ़ जाता है।

इन शिशुओं के लिए शिशु भवन ही उनका घर है। वहाँ की बहिनें ही उनकी माँ हैं।

एक सहज सामान्य जीवन जी रहे हैं, यहाँ के शिशु। एक नहीं, दो नहीं, दस नहीं, बीस नहीं, अपितु कई सौ बच्चों को माँ (सिस्टर्स) की ममता मिलती है यहाँ। वह ममता, जिसका कोई मूल्य नहीं चुका सकता, अमूल्य ममता, अनुपम और अद्वितीय ममता।

□□

कहाँ से आते हैं, शिशु भवन में ये शिशु?

इनमें से अधिकांश अस्पतालों से आते हैं। अविवाहित माँ इन्हें अस्पतालों में जन्म देकर छोड़ जाती हैं। अस्पतालों में ही नहीं 'प्राइवेट नर्सिंग होम्स' में भी कुँवारी माँ छद्म नामों से भर्ती होती हैं तथा शिशुओं को जन्म देने के बाद उन्हें सदा सर्वदा के लिए भाग्य के भरोसे छोड़कर अदृश्य हो जाती हैं। इन बच्चों को दाइयाँ माँ के निर्मल शिशु भवन में ले आती हैं। कई सद्योजात शिशु कूड़ेदानों में भी पड़े मिलते हैं। यही स्रोत है, निर्मल शिशु भवन के शिशुओं के।

पश्चिमी जगत् के स्वच्छन्द यौनाचार का अभिशाप भारत में भी फैल चुका है। इसी की परिणति बड़ी संख्या में इन अवांच्छित शिशुओं का जन्म है। आज यद्यपि गर्भ निरोधक उपाय सहज प्राप्य हैं, फिर भी विशाल जन-संख्या वाले देश में इन अवाँछित शिशुओं के जन्म पर नियन्त्रण एक समस्या बना हुआ है।

माँ एक धर्मपरायण महिला थीं। यद्यपि धर्म की किसी भी संकीर्णता से उनका दूर का भी सम्बन्ध नहीं था, तथापि वह ममता की मूर्ति थीं। करुणामयी थीं। वह सन्तान के गर्भ में आने से पूर्व गर्भ निरोधक उपायों का समर्थन करती थीं, किन्तु गर्भ में आयी सन्तान की हत्या, भ्रूणहत्या अथवा गर्भ समापन को वह पाप मानती थीं। उनका स्पष्ट मत था कि नयी पीढ़ी को संयम का आचरण करना चाहिए। क्षणिक वासनाजन्य आवेश से गर्भ में सन्तान का बीजारोपण हो जाता है, उसे प्राय: नौ मास तक उदर में धारण करने के बाद जन्म देकर त्याग देना माँ की दृष्टि में एक हृदयद्रावी घटना थी। किसी सुशिक्षिता कुमारी के इस प्रकार के आचरण की बात सुनकर माँ अत्यन्त दु:खी हो जाती थीं।

सम्प्रति विवाहित-अविवाहित, कोई भी माँ अनचाहे गर्भ से छुटकारा पा सकती है। यद्यपि ऐसा करना अब क़ानून की दृष्टि में अवैध नहीं रहा, फिर भी माँ गर्भपात को एक दुःखद कार्य समझती थीं।

अपनी वासना शान्त करने के लिए एक निर्दोष-निष्पाप प्राण की हत्या करना माँ की दृष्टि में सर्वथा अनैतिक कृत्य था। माँ समाज के इस पापपूर्ण कृत्य का समाधान उन अवांच्छित शिशुओं को प्राणदान देकर कर रही थीं, वह ऐसे शिशुओं को गोद लेकर अपनी ममता देकर गर्भपात जैसी समस्या का सामना कर रही थीं। इस विषय में माँ का कहना था-

"I am fighting abortion with adoption."

''मैं अनाथ शिशुओं को गोद लेकर गर्भ समापन की इस समस्या से संघर्ष कर रही हूँ।''

शिशु भवन में लाते समय इस प्रकार के शिशुओं की दशा उस समय बड़ी ही दयनीय तथा करुणाजनक होती है। उन्हें नया जीवन देना कोई सरल कार्य नहीं होता। फिर भी निर्मल शिशु भवन की बहिनों की दृष्टि में इन निरीह शिशुओं की प्राणरक्षा और उनका पालन पोषण एक पुनीत कर्तव्य है।

ये बहिनें इन शिशुओं का प्राणपण से, पूरी तल्लीनता और तत्परता से पालन-पोषण करती हैं। उन्हें भगवान का रूप समझकर अपने कर्तव्य का निर्वाह करती हैं।

अपने इस कार्य में बहिनों को कोई गर्व, कोई अभिमान नहीं है, न वे इसके बदले में प्रशंसा चाहती हैं, न ही कोई अन्य प्रतिफल। वे माँ की अनुगामिनी हैं, प्रभु यीशु के मार्ग पर चलने वाली हैं। इन सबका एक ही आदर्श वाक्य है: 'हमें राज्य सुख वैभव कुछ नहीं चाहिए, हम केवल दुःखतप्त मानव मात्र के दुःखों को दूर करना चाहती हैं। हमारे लिए प्रत्येक प्राणी ईश्वर का ही रूप है। इनकी सेवा ही हमारा परम धर्म है।'

□□

निर्मल शिशु भवन के सभी शिशु आवांच्छित-परित्यक्त ही हों, ऐसी बात भी नहीं है। हाँ, अधिकतर शिशु इसी श्रेणी के हैं। अनेक शिशु ऐसे भी हैं, जिन्हें उनके अभिभावक अपनी विवशताओं के कारण स्वयं छोड़ जाते हैं। यहाँ शिशुओं को माँ-वाप के अभाव की अनुभूति कभी नहीं होती।

कई बच्चे ऐसे भी हैं, जिनके माता-पिता के देहावसान के बाद उनके लाचार असहाय दादा या दादी उन्हें स्वयं माँ (सिस्टर्स) के संरक्षण में छोड़ गये। उन अभिभावकों ने माँ के सामने अपनी समस्या रखी और माँ ने बच्चे को सहर्ष स्वीकार कर लिया।

या ऐसे बच्चे भी यहाँ मिल जाएँगे, जिनके माता-पिता परलोक सिधार गये, तो उन्हें अपने किसी निकट सम्बन्धी के आश्रय में रहना पड़ा। उसका वह सम्बन्धी उससे पशुओं की तरह काम कराता था और काम करते-करते बच्चा थक जाता तो मार पड़ती। इस पर खाना भी पेट भर नहीं मिलता। अपने ऐसे क्रूर आश्रयदाता के व्यवहार से क्षुब्ध होकर बच्चा घर से भागकर कलकत्ता आ गया। वहाँ वह किसी रेस्टोरेण्ट में बर्तन साफ करने लगा। वहाँ भी उसके साथ ऐसा ही व्यवहार हुआ, तो वह वहाँ से भी भाग खड़ा हुआ। इसके बाद वह अपराधी प्रवृत्ति के बच्चों के सम्पर्क में आया और भीख माँगकर अथवा छोटी-मोटी चोरियाँ करके जीवनयापन करने लगा। ऐसी दशा में कभी उसे माँ ने देख लिया। दयामयी माँ उसे निर्मल शिशु भवन ले आयीं।

यहाँ उसका नया जीवन प्रारम्भ हुआ। वह पढ़ाई करने लगा। बाद में ऐसे बच्चे या तो पादरी बन जाते हैं अथवा कोई नौकरी करने लगते हैं।

बड़ा होकर यदि ऐसा कोई युवक अपनी गृहस्थी बसाने का इच्छुक होता था, तो माँ उसके विवाह का भी पूर्ण उत्तरदायित्व स्वीकार करती थीं। विवाह के बाद उसे नयी गृहस्थी के लिए सभी आवश्यक सामग्रियों का, यहाँ तक कि घर-भूमि तक का प्रबन्धक भी कर दिया जाता है।

ऐसे शिशुओं में बालक ही नहीं, किशोरियाँ अथवा बालिकाएँ भी हैं। उदाहरणार्थ किशोरावस्था में पहुँचते ही किसी बालिका की माँ का देहान्त हो गया और पिता ने दूसरा विवाह कर लिया। सौतेली माँ का व्यवहार बिलकुल क्रूरता पूर्ण था। वह सौतेली बेटी को मारती-पीटती, गाली-गलौच करती। इससे उसे भयंकर प्रताड़नाओं का सामना करना पड़ता। पिता भी नयी पत्नी के मोहजाल में आकण्ठ डूब चुका था। पत्नी ने उसे उस सौतेली बेटी से छुटकारा दिलाने को कहा। पत्नीभक्त पति पिता का कर्तव्य भूल गया। वह कहीं चलने का बहाना बनाकर बेटी को कलकत्ता लाया और उसे रेलवे स्टेशन पर छोड़कर चला गया। बालिका पिता के लौटने की काफी देर तक प्रतीक्षा करती रही और फिर रोने लगी। उस पर शिशु भवन की किसी बहिन की दृष्टि पड़ी, तो वह उसे अपने साथ ले आयी।

ऐसी कितनी ही बालिकाएँ निर्मल शिशु भवन में पल-बढ़ रही हैं। युवा हो जाने पर उनका विवाह किसी योग्य युवक से कर दिया जाता है। ऐसी असहाय बालिकाओं को नयी गृहस्थी बसाने के लिए घर और छोटा-सा भूमि का टुकड़ा भी दिया जाता है।

निर्मल शिशु भवन की छत्रछाया में पली ये बालिकाएँ बाद में अपनी गृहस्थी बसा लेने पर भी यहाँ से एक अटूट बन्धन में बंधी रहती हैं। निर्मल शिशु भवन ही उनका पीहर होता है। उन्हें बाद के जीवन में कोई कष्ट होने पर भी उनकी यथासंभव सहायता की जाती है।

यदि दुर्भाग्य से ऐसी विवाहित कन्या के पति की मृत्यु हो जाए अथवा पति को कोई असाध्य रोग हो जाए, तो उसके (कन्या) की आजीविका के निर्वाह के लिए भी व्यवस्था की जाती है।

वस्तुत: माँ का हृदय दया, ममता, करुणा आदि मानवोचित गुणों का अथाह सागर था।

□□

प्रतिदिन-प्रतिवर्ष कई नि:सन्तान दम्पति निर्मल शिशु भवन आते हैं। ऐसे दम्पत्तियों में केवल बंगाल अथवा भारत के ही लोग नहीं होते, अपितु विश्व के अनेक देशों के लोग होते हैं।

कोई सन्तान को अवांच्छित समझकर त्याग देता है तो कोई सन्तान की कामना के चलते हर सम्भव उपाय करने पर भी निराश हो जाता है। विचित्र विडम्बना है।

ये सन्तानहीन दम्पत्ति इन बच्चों को लेकर अपने सूने घरों में उनकी किलकारियाँ सुनना चाहते हैं।

यहाँ आकर इन निरीह-निष्पाप अबोध बच्चों के बीच बैठकर उनकी बातें सुनते हैं।

इनके बीच में बैठकर उनकी तोतली भाषा में निश्च्छल शब्दों को सुनकर उन्हें असीम आनन्द की प्राप्ति होती है। ऐसा आनन्द, जो भौतिक साधनों से सर्वथा अप्राप्य है।

ये दम्पत्ति इन बच्चों को सहर्ष गोद ले लेते हैं। भवन के प्रयत्नों से, ममता से इन्हें पुन: माँ-बाप प्राप्त हो जाते हैं, एक सुखद-सुनहरा भविष्य मिल जाता है।

आज ऐसे कितने ही शिशु देश तथा विदेशों में एक सुखद जीवन जी रहे हैं।

जिन्हें उनके जन्मदाताओं ने त्याग दिया था, जैसे वे निष्प्राण हों, वही आज अनेक अच्छे-अच्छे पदों पर कार्य कर रहे हैं।

पारस के स्पर्श से लोहा भी सोना बन जाता है। यदि इन अनाथों को माँ जैसी नाथ न मिली होती, तो इनकी क्या नियति होती, इसकी सहज ही कल्पना की जा सकती है। गोद देते समय भी माँ अपनी सन्तानों के भविष्य का पूरा ध्यान रखती थीं।

विदेशों के कई सन्तानहीन अथवा उदारमना दम्पत्ति बच्चे गोद ले लेते हैं। किन्तु गोद ले लेने की प्रक्रिया इतनी सरल नहीं है कि किसी के मांगते ही बच्चे उन्हें मिल जाएँ। यदि कोई दम्पति बच्चा गोद लेने की इच्छा व्यक्त करता तो माँ पहले उनके विषय में पूरी जानकारी प्राप्त करती थीं। जब वह पूरी तरह सन्तुष्ट हो जाती थीं कि गोद लेने वाला बच्चे का पूरी सत्य परायणता से पालन-पोषण करेगा, तभी माँ अपनी इन सन्तानों को गोद देती थीं।

बालिकाओं को गोद देते समय माँ गोद लेने वालों के विषय में विशेष सतर्कता से काम लेती थीं, क्योंकि आज की बालिका कल एक युवती बनेगी। कहीं तब उसका यौन शोषण न हो, माँ इन सभी बातों पर विचार करती थीं और पूरी तरह आश्वस्त होने पर ही अपनी कन्याओं को नये माता-पिताओं को सौंपती थीं। माँ नहीं चाहती थीं कि शिशु भवन से जाने के बाद उनकी सन्तानों का कोई अहित हो।

वह माँ थीं, अत: सन्तान की कल्याण-कामना उनका नैसर्गिक गुण था। उनकी सदा यही कामना रहती थी कि उनकी सन्तान जहाँ भी रहे, उसका जीवन मंगलमय हो, उसका जीवनपथ शुभ हो।

शिशु भवन में किशोरावस्था पार कर युवावस्था में पदार्पण करने वाली सन्तानों की किसी दूसरे स्थान पर व्यवस्था कर दी जाती है। उनकी योग्यता के अनुसार उन्हें अध्ययन के लिए विदेशों में भी भेज दिया जाता है। प्रतिवर्ष कुछ युवक-युवतियाँ विदेश भेजे जाते हैं।

माँ के इस पावन आश्रम निर्मल शिशु भवन में आज तक हज़ारों की संख्या में शिशु नया जीवन प्राप्त कर चुके हैं। इनमें से अधिकांश ने यहीं होश संभाला, यहीं घुटनों के बल चलना सीखा, यहीं लड़खड़ाते हुए खड़े हुए, यहीं पहले-पहल कुछ अस्पष्ट शब्दों का उच्चारण सीखा, यहीं उन्होंने वर्णमाला का ज्ञान प्राप्त किया, यहीं उनकी शैशव और किशोर अवस्था व्यतीत हुई तथा यहीं उन्होंने यौवन में पग रखा।

युवा होने पर इन सन्तानों का विवाह भी हो जाता है। विवाह में इनके माता-पिता की भूमिका का निर्वाह माँ ही करती थीं।

माँ को असीम सन्तोष भी प्राप्त होता था, जब कोई उदारचेता भद्रपुरुष माँ की कन्याओं को स्वत: अपनी पुत्रवधू बनाकर ले जाता था। कभी-कभी कुछ उदार विचारों वाले युवक भी माँ की इन पुत्रियों को अपनी जीवन संगिनी बनाकर ले जाते रहे हैं।

अपनी इन सन्तानों को नवीन जीवन में पदार्पण करते देख माँ को जो आत्मसन्तोष की प्राप्ति होती होगी, उसकी कल्पना कोई माँ ही कर सकती है। पतिगृह जाने के बाद भी माँ की ये पुत्रियां सब से मिलने अपने इस पीहर में आती रहती हैं।

□□

कर्ण का पालन-पोषण सूत और उसकी पत्नी ने किया, अत: वे ही उसके माता-पिता कहे जाएँगे। जन्म देने मात्र से कुन्ती को उसकी माँ नहीं कहा जा सकता, क्योंकि उसने अपने इस पुत्र को गंगा में विसर्जित कर अपने कर्तव्य की इतिश्री समझ ली थी।

नीमा और नीरू जुलाहा दम्पत्ति को कबीर लहरतारा तालाब के निकट पड़े मिले थे। उनकी जन्मदात्री ने उन्हें जन्म देकर अवांच्छित समझकर त्याग दिया था। नीरू-नीमा ने ही कबीर का पालन-पोषण किया, अतः वे ही कबीर के माता-पिता कहे जाएँगे।

मेनका मुनि विश्वामित्र से उत्पन्न अपनी सन्तान शकुन्तला को वन में छोड़कर चली गयी थी। शकुन्तला का पालन-पोषण ऋषि कण्व ने किया, अतः कण्व उसके माता और पिता कहलाए। उन्होंने ही शकुन्तला के लिए पिता धर्म का पालन किया।

राजगिरि की वीरांगना शिलावती ने जन्म देते ही पुत्र जीवक का परित्याग कर दिया, जिसका पालन-पोषण राजगृह के अभयकुमार ने किया, अतः वही जीवक के माता-पिता हुए।

माँ द्वारा परित्यक्त ये सन्तानें इतिहास के गौरवशाली व्यक्तित्व बने।

कर्ण महाभारत का अप्रतिम महारथी बना, जिसका वध करने के लिए पाण्डव पक्ष को कई प्रकार के छल, छद्म और प्रवंचनाओं का सहारा लेना पड़ा।

महात्मा कबीर भारतीय इतिहास की एक निरूपम विभूति बने। उन्होंने संकीर्णताओं और आडम्बरों से जकड़े भारतीय समाज को एक नया मार्ग दिखाया।

शकुन्तला भारतवर्ष के सम्राट दुष्यन्त की महारानी बनीं। उन्हें भरत जैसे महायशस्वी पुत्र को जन्म देने का गौरव प्राप्त हुआ, जिसके नाम पर देश का नाम भारतवर्ष पड़ा, ऐसा माना जाता है।

और जीवक, तक्षशिला का सर्वमान्य चिकित्सक जीवक, जिसे भगवान गौतमबुद्ध के सम्पर्क में आने का गौरव प्राप्त हुआ, जिसने बुद्ध के अन्तिम समय में उनकी चिकित्सा की। एक बार जीवक ने अभयकुमार से पूछा भी कि उसके माता-पिता कौन हैं, इस पर अभयकुमार ने कहा था, ''मैंने तुम्हारा पालन-पोषण किया है, अतः मैं ही तुम्हारा पिता हूँ।''

''तो मेरी माँ कौन है?'' जीवक ने पुनः प्रश्न किया।

''इस विषय में मैं स्वयं कुछ नहीं जानता, तब कैसे कहूँ कि तुम्हारी माँ कौन है।'' अभयकुमार ने उत्तर दिया।

इन समस्त दृष्टान्तों का उल्लेख करने से हमारा यही आशय है कि जन्म देने वाले माता-पिता की तुलना में पालन-पोषण करने वाले का महत्त्व अधिक है। पालन-पोषण करने वाला ही सच्चे अर्थों में माता-पिता है। इसके साथ ही इन उदाहरणों से यह भी अच्छी प्रकार स्पष्ट हो जाता है कि किसी के भी भविष्य के विषय में कोई भविष्यवाणी नहीं की जा सकती।

जिस समय सूत को नदी में बहता हुआ सद्योजात बालक मिला, क्या उस समय

वह कल्पना कर सकता था कि यह बालक एक दिन महारथी कर्ण बनेगा, जिसकी अप्रतिम वीरता से उसके गुरु परशुराम भी भयभीत हो उठेंगे और पाण्डव उसकी वीरता के समक्ष बौने सिद्ध हो जाएँगे?

क्या जिस समय नीरू-नीमा को लहरतारा सरोवर के समीप एक अबोध बालक, जो उसी समय पैदा हुआ था, पड़ा मिला, वे कल्पना कर सकते थे कि यह बालक एक दिन एक महान् समाज सुधारक कबीर बनेगा?

क्या ठिठुरती रात्रि में राजपथ पर पड़े शिशु को देखकर अभयकुमार ने यह कल्पना की होगी कि यह शिशु एक दिन तक्षशिला का महान् चिकित्सक जीवक बनेगा और भगवान बुद्ध के अन्तिम काल में उनकी चिकित्सा करेगा?

कदापि नहीं। भविष्य किसने देखा है? कौन कह सकता है कि माँ की इन अज्ञात जननी-जनक सन्तानों में कोई भावी कर्ण, कबीर, जीवक अथवा शकुन्तला ही हो।

माँ टेरेसा के लिए यह प्रश्न निरर्थक था। वह माँ थीं। और माँ का कार्य सन्तान के प्रति अपने कर्तव्यों का पालन करना होता है, जो वह कर रही थीं, पूर्ण मनोयोग और सर्वथा निरपेक्ष भाव से।

माँ की तरह उनकी सहयोगी सिस्टर्स की दृष्टि में भी प्रत्येक बच्चा एक समान है। वह प्रत्येक में अपने आराध्य को ही देखती हैं। उनके लिए प्रत्येक शिशु यीशु का ही बाल रूप है। इस विषय में माँ का स्पष्ट कथन है :

"मैं प्रत्येक मनुष्य में यीशु के दर्शन करती हूँ। क्षुधा से व्याकुल व्यक्ति को भोजन कराते समय मुझे यही अनुभव होता है कि मैं यीशु को खिला रही हूँ। सेवा करते समय भी मेरी दृष्टि के आगे वही दृश्य रहता है। किसी के हाथ, पैर या शरीर के किसी अंग के घाव को साफ करते समय मुझे ऐसा लगता है, जैसे मैं यीशु की पवित्र देह को धो रही हूँ। इन कार्यों में जिस आनन्द की अनुभूति होती है, उसका वर्णन नहीं किया जा सकता, उसे केवल अनुभव किया जा सकता है।"

□□

निर्मल शिशु भवन के अनेकानेक बच्चे आज अपने विदेशी माता-पिताओं के संरक्षण में पल-बढ़ रहे हैं और उन्नति कर रहे हैं। इस देश के कई सम्पन्न लोगों ने भी जाति, धर्म, वर्ण आदि का विचार किये बिना माँ से बच्चे गोद लेकर अपनी सूनी गोदों को भरा है। निश्चय ही यह सब माँ के ही निरूपम व्यक्तित्व का प्रभाव कहा जाएगा।

सद्योजात शिशुओं की देखभाल कोई सरल कार्य नहीं है, फिर भी शिशु भवन की बहिनें उन्हें अपनी ममता का अमृत पिलाकर नया जीवन देती हैं।

इन शिशुओं में अधिकतर तो अपनी जन्म देने वाली माँ के विषय में कुछ

भी नहीं जानते, क्योंकि उन्होंने उसे देखा ही नहीं। देखते भी कहां से, उन्होंने तो होश ही इसी शिशु भवन में संभाला, किन्तु कभी-कभी कुन्ती स्वयं कर्ण के पास पहुँच जाती है।

कर्ण ने पाण्डवों के श्रेष्ठ वीर अर्जुन के वध की प्रतिज्ञा की। यह समाचार सुनकर कुन्ती कर्ण के पास गयी और उसने आज तक छिपे हुए रहस्य से पर्दा हटा दिया कि वही कर्ण की माँ है। उसने कर्ण से अनुरोध किया कि वह अर्जुन का वध न करे। कर्ण का कहना था कि या तो वह अर्जुन को मार डालेगा अथवा अर्जुन उसका वध कर देगा, फिर भी कुन्ती पाँच पुत्रों की माँ बनी रहेगी। यह महाभारत की एक लम्बी कहानी है, जिसका यहाँ वर्ण्य विषय से सम्बन्ध नहीं है। सम्बन्ध इतना ही है कि अन्त में कुन्ती कर्ण के पास गयी और उसने स्वीकार किया कि वह उसकी माँ है।

कुन्ती की यह स्वीकारोक्ति स्वार्थ प्रेरित थी, क्योंकि वह अर्जुन के लिए अभयदान प्राप्त करना चाहती थी, किन्तु निर्मल शिशु भवन में कई बार कुछ कुन्तियाँ पुनः अपने परित्यक्त बच्चों को प्राप्त करने आती हैं।

कदाचित् ऐसी माँ अपने कृत्य के पश्चाताप में अन्दर ही अन्दर जलती रहती हैं। जब उन्हें सन्तान का वियोग असह्य हो जाता है और उन्हें पता लगता है कि उनकी सन्तान माँ की छत्रछाया में निर्मल शिशु भवन में पल रही हैं, तो उनके लिए स्वयं को रोक पाना असम्भव हो जाता है। ऐसी मानसिक स्थिति में वे लोग, समाज आदि की परवाह किये बिना शिशु भवन पहुँचती हैं और अपने बच्चों के विषय में स्पष्ट शब्दों में सब-कुछ बताकर उन्हें ले जाती हैं।

कई बार विवाह हो जाने के बाद अविवाहित जीवन में उत्पन्न अवांच्छित समझकर परित्यक्त सन्तान को प्राप्त करने के लिए माँ अनेक प्रयत्न करती है। उसे वापस पाने के लिए उसे इधर-उधर कई स्थानों पर भटकना पड़ता है।

भले ही परिस्थितिवश अविवाहित माताएँ अपनी सन्तान का परित्याग कर दें, किन्तु विवाह के बाद भी वह अपनी उस परित्यक्त सन्तान को नहीं भूल पातीं। इस विषय में माँ टेरेसा का कहना था "अविवाहित जीवन में परित्यक्त सन्तान की स्मृति माँ के अन्तः से कभी दूर नहीं होती। वह माँ होती है, केवल माँ, माँ के सिवा और कुछ भी नहीं। उसका कोई विकल्प नहीं होता।"

□□

माँ सच्चे अर्थों में जीवनमुक्त संन्यासियों की श्रेणी में आती थीं। उन्में मान-अपमान ऊँच-नीच का कोई भाव नहीं था। वह इन सबसे मुक्त थीं।

एक बार वह एक सिस्टर के साथ कहीं जा रही थीं। जब दोनों अभिजात्य

वर्ग के घरों के सामने से गुजरीं, तो माँ ने सिस्टर से कहा, ''तुम्हें इन घरों में जाकर शिशु भवन के बच्चों के लिए खाना मांगना होगा।''

ऐसी बात इतनी सहजता से कोई महामनीषी ही कह सकता है, जिसके लिए अपने-पराये अथवा मान-अपमान की भावना का कोई अर्थ नहीं रह जाता। माँ के मुँह से यह सुनकर क्षणभर तो सिस्टर के मुँह से एक भी शब्द नहीं निकला। उसे ऐसा करने की कल्पना मात्र से संकोच अथवा लज्जा का अनुभव होने लगा। न चाहते हुए भी उसने सिर हिलाकर सहमति दे दी। इस पर माँ ने पुनः कहा, ''सिस्टर! यह कार्य तुम्हें ही करना है, क्योंकि इसे तुम ही अच्छी तरह कर सकती हो।''

यह सुनते ही सिस्टर के लज्जा, संकोच आदि भाव पलभर में विगलित हो गए। इन शब्दों से उसकी समस्त दुविधा दूर हो गयी। वह सहर्ष मधुकरी के लिए निकल पड़ी। इसके बाद यह नित्य का क्रम बन गया।

सिस्टर्स को इस प्रकार भिक्षा मांगने में अनेक प्रकार के अनुभवों का सामना करना पड़ता। कई लोग दी जाने वाली वस्तु को नीचे फेंक देते। कुछ लोग रुष्ट हो उठते, कुछ बड़बड़ाने लगते और कभी यह देखकर एक सुखद आश्चर्य भी होता कि घर के वयोवृद्ध सज्जन स्वयं दान देने के लिए लाठी के सहारे नीचे आकर अपनी प्रशंसनीय शालीनता का परिचय देते।

यह देने वाले पर निर्भर करता है कि वह किस भावना से दे रहा है। माँ की शिष्याएँ केवल व्यक्ति की श्रद्धा एवं आस्था को ही देखती हैं, उन्हें किसी के क्रोध, रोष अथवा किये गये अपमान, तिरस्कार से कोई दुःख नहीं होता।

'सार सार को गहि रहै थोथा देय उड़ाय।'

यही तो संन्यासी जीवन का आदर्श है। सच्चा संन्यासी न तो अभीष्ट की प्राप्ति से प्रसन्न होता है, न अनिष्ट की प्राप्ति से दुःखी। वह राग-द्वेष से सर्वथा मुक्त होता है। माँ और उनकी सहयोगी बहिनें संन्यासियों की इस कसौटी पर पूर्णतया खरी सिद्ध होती हैं।

आज माँ की ममता पाकर कई युवक युवतियाँ उच्च शिक्षा प्राप्त कर रहे हैं। कई विभिन्न प्रकार की नौकरियाँ कर रहे हैं। कई दिन में नौकरी करते हैं और रात्रि में अध्ययन करते हैं।

प्रत्येक माँ के प्रति कृतज्ञता व्यक्त करता है। उन्हें माँ के उपकार को स्वीकार करने में कोई संकोच नहीं है।

वहाँ कई युवक इस तथ्य को स्वीकार करते हुए मिल जाएंगे कि यदि उन्हें माँ की ममता न मिली होती, तो न जाने वे कहाँ किस प्रकार का जीवन-यापन कर रहे होते, कदाचित् अपराधी बन गए होते या भीख माँग रहे होते।

माँ के पावन स्पर्श से, उनकी ममता से, उनकी करुणा से आज अनेक परित्यक्त बच्चे एक सहज जीवन निर्वाह कर रहे हैं।

योग्य छात्रों को माँ विदेशों में शिक्षा प्राप्त करने के लिए भी भेजती थीं। भला, सगे जन्म देने वाले माँ-बाप भी इससे अधिक क्या कर सकते हैं।

माँ, अपनी इन सन्तानों की वास्तविक माँ थीं, क्या अन्तर पड़ता है, यदि उन्होंने उन्हें जन्म न भी दिया हो।

वस्तुतः अपना और परायापन भावना का होता है।

माँ सभी अनाथों, निराश्रितों, दु:खियों, रोगियों को अपना समझती थीं इसीलिए वह सबकी माँ थीं।

निश्चय ही निर्मल शिशु भवन माँ की विराट् ममता का एक मूर्त रूप है, जहाँ अनेक आश्रयविहीन, परित्यक्त शिशुओं को नये जीवन का दान मिला है।

कैसे करती थीं माँ इतने शिशुओं, इतनी सन्तानों का पालन-पोषण, जहाँ लोग घरों में दो-तीन बच्चों के पालन-पोषण में ही इतने व्यस्त हो जाते हैं!

माँ के पास यों तो आय का कोई निश्चित स्रोत था नहीं, तो फिर अपने इतने शिशुओं की व्यवस्था कैसे करती थीं माँ?

माँ की लगन, उनका ईश्वर में विश्वास, यही था उनका धन, निःस्वार्थ सेवा भावना ही उनकी आय का स्रोत था। यह समस्त व्यवस्था दान से मिले धन तथा अन्य वस्तुओं से ही होती थी।

तो क्या दान इतना मिल जाता है कि सरलता से व्यवस्था हो जाती है?

क्या दान नियमित रूप से मिलता रहता है?

नहीं ऐसी बात नहीं है। न तो पर्याप्त धन मिलता है और जो कुछ भी मिलता है, वह भी सदा मिलता रहे, ऐसी बात भी नहीं है। पर्याप्त-अपर्याप्त की बात तो तब उठती है, जब किसी सुख सुविधा से सम्पन्न जीवन की आकांक्षा हो। निर्मल शिशु भवन का उद्देश्य परित्यक्त शिशुओं को प्राणदान देना है, उन्हें स्वावलम्बी बनाना है। ऐसे में सुख-सुविधा-सम्पन्न जीवन देने की बात करना अर्थहीन ही लगता है, फिर भी जिनका कोई न हो, उन्हें जीवनदान देना, चाहे वह एक साधारण स्तर का ही जीवन क्यों न हो, यही क्या कम है!

दान भी नियमित रूप से नहीं मिलता। कभी-कभी तो ऐसी स्थिति भी आ जाती है कि एक पैसा भी नहीं होता और शिशु भवन के बच्चों को देने के लिए कुछ भी नहीं रहता। एक बार तो ऐसा लगने लगता है कि आज सभी को उपवास करना पड़ेगा, किन्तु तभी कोई व्यक्ति स्वयं आकर दान दे जाता है। ऐसा एक दो बार नहीं अनेक बार हुआ है। ऐसा कैसे हो जाता है, यह पूछे जाने पर माँ का उत्तर होता था—

"सब उनकी (भगवान) इच्छा है। मन प्राण सब ईश्वर को अर्पित कर दो। फिर देखो, कोई समस्या नहीं लगेगी। दु:ख, वेदना आदि आएंगे। चिन्ता न करो, आने दो। याद रखो दु:ख ही आनन्द लाता है और वेदना ही सफलता लाती है और वेदना जीवन को मधुर बना देती है। जिसका जीवनपात्र वेदना से भरा हो, वही तो वेदना से त्रस्त मनुष्य का दु:ख दूर कर सकता है।"

वस्तुत: मानव के दु:खों के लिए अपने जीवन को समर्पित कर देने वाला मनुष्य ही देवता है, ऐसा व्यक्ति वन्दनीय, श्रद्धेय और पूज्य है।

देवता शब्द का अर्थ स्पष्ट करते हुए हमारे निरूक्तकारों ने कहा है कि जो दान देता है, मार्गदर्शन करता है अथवा प्रकाश देता है, वही देवता है।

अत: मावनता के लिए अपने जीवन का बलिदान कर देने वाले, उसे एक नई दिशा दिखाने वाले देव पुरुष ही हैं।

निरन्तर बढ़ती जनसंख्या और मानव के भौतिकता प्रधान जीवन के कारण आज विश्व में भूखों की संख्या भी बढ़ती जा रही है। आप इस विषय में क्या कर सकती हैं? क्या इस समस्या का निराकरण सम्भव है? इन प्रश्नों के उत्तर में माँ कहती थीं—

"हमारा कार्य समुद्र में जल की बूंद डालने के समान हो सकता है, किन्तु उस समुद्र में वह एक बूंद जल भी न पड़ता, तो समुद्र उस एक बूंद से वंचित रह जाता। यही ना?...सभी भूखों के मुँह में अन्न नहीं दिया जा सकता। इसी प्रकार सभी रोग-पीड़ितों की सेवा भी सम्भव नहीं है। तो क्या इसका यह अर्थ है कि सेवा, दान, प्रेम छींके पर टांग कर रख दिए जाएँ। मार्ग में चलते हुए यदि कोई भूख से व्याकुल व्यक्ति सामने आ खड़ा हो, तो उसे देखना ही धर्म है। उसकी भूख मिटाने के लिए आगे बढ़ना मनुष्य का मानवतापूर्ण कर्त्तव्य है। संख्या चाहे हज़ार, लाख, करोड़ कितनी ही क्यों न हो, यदि हर मनुष्य प्रतिदिन एक अच्छा कार्य करे, तो कदाचित् कोई समस्या ही न रहे।"

माँ के इन शब्दों से किसी को मतभेद नहीं हो सकता। इन पर मतभेद केवल दुराग्रह ही कहा जायेगा।

निर्मल हृदय मुमूर्षु आश्रम

मृत्यु प्रकृति का एक अवश्यम्भावी नियम है। प्रत्येक प्राणी को इसका सामना करना पड़ता है। इससे कोई भी नहीं बच सकता।

अपने स्वतंत्र कार्य क्षेत्र में अवतरण के आरम्भ से ही माँ मुमूर्षु (मरणप्राय) को देख व्याकुल हो जातीं। किसी भी ऐसे व्यक्ति के मिलने पर माँ बिना किसी प्रकार का विचार किए उसकी सेवा में तल्लीन हो जातीं। चाहे वह व्यक्ति सड़क पर हो, फुटपाथ पर अथवा किसी अन्य स्थान पर। उस समय माँ के पास ऐसे लोगों का उपचार करने के लिए स्थान का अभाव था।

उस समय माँ को मुमूषुओं की सेवा के लिए प्राय: माइकल गोमेज़ से परामर्श करना पड़ता कि इस कार्य के लिए कोई व्यक्ति सहायता करेगा या नहीं। कुछ दिनों बाद उन की आउटडोर डिस्पेन्सरी के लिए कलकत्ता के फादर ने थोड़ी-सी जगह उन्हें प्रदान की। इसके बाद रोगियों के कई दल वहाँ आने आरम्भ हो गये।

प्रथम विद्या मन्दिर खुलने पर माँ को मेज़-कुर्सी जैसी आवश्यक वस्तुएँ एक व्यक्ति ने दी थीं। इस डिस्पेन्सरी के लिए दवाइयाँ भी किसी अन्य व्यक्ति ने दीं।

माँ का रोगियों की सेवा का यह कार्य भी समानान्तर रूप में चलने लगा। एक बार माँ बरसात में कहीं जा रही थीं, रास्ते में उन्होंने देखा कि एक व्यक्ति अन्तिम घड़ियां गिन रहा है। कलकत्ता जैसी महानगरी में यह कोई विशेष घटना नहीं थी, फिर भी न जाने क्यों माँ कुछ सोचने के लिए बाध्य हो गयीं। वह सोचने लगीं कि इस प्रकार के निराश्रय मुमूर्षुओं के लिए भी कुछ व्यवस्था होनी चाहिए।

माँ इसकी भी व्यवस्था करने में जुट गयीं। प्राय: दो महीने बाद इसके लिए स्थान भी मिल गया। यह स्थान था, कालीघाट स्थित काली मन्दिर के पीछे का एक मकान, जहाँ पहले तीर्थ यात्री ठहरते थे। कलकत्ता आये इन तीर्थ यात्रियों को स्थानीय धर्म प्रेमी व्यापारी नि:शुल्क आवास सुविधा के साथ ही भोजन वस्त्र आदि भी देते थे। प्रारम्भ में यह स्थान भले ही एक धार्मिक उद्देश्य के लिए रहा हो, किन्तु बाद में वहाँ जुआ खेला जाने लगा। माँ इस स्थान का उपयोग मुमूर्षुओं के लिए करना चाहती थीं। उन्होंने इस स्थान को प्राप्त किया। इसे प्राप्त करने में माँ को जिन कठिनाइयों का सामना करना पड़ा, उसकी एक अलग कहानी है।

कालीघाट का यह प्राचीन काली मन्दिर हिन्दुओं की धार्मिक भावना का केन्द्र

है। यहाँ नित्य अनेक धर्मप्रेमी हिन्दू माता काली के दर्शनार्थ–उपासनार्थ आते हैं। इन्हीं भक्तों के रुकने के लिए मन्दिर की भित्ति से लगी है यह धर्मशाला, जिसमें जुआरियों का अड्डा बन गया था। माँ ने इसके सदुपयोग के लिए संघर्ष किया। अन्ततः सन् 1952 में कलकत्ता नगर पालिका ने इसे माँ को दे दिया।

यहाँ माँ के मुमूर्षु आश्रम का पट्ट लगते ही स्थानीय पण्डित–पुजारियों के कान खड़े हो गये। प्रतिक्रिया स्वरूप इसने एक आन्दोलन का रूप ले लिया। हिन्दू मन्दिर के साथ ईसाइयों की संस्था। कट्टरपन्थी संकीर्ण हिन्दुओं के लिए यह असह्य था। वे इसकी कल्पना भी नहीं कर सकते थे। मन्दिर के चार सौ पुजारियों ने इस भावना का लाभ उठाना चाहा। प्रबल विरोध होने लगा। लोग यह भी कहने लगे कि ऐसा तो अंग्रेज़ों के शासनकाल में भी नहीं हुआ! स्वतन्त्र भारत में यह भी होने लगा। इसे हम नहीं सह सकते।

जितने लोग, उतनी बातें। विरोध और विरोध। निरन्तर उग्र रूप धारण करता विरोध। अन्ततः माँ को स्वयं विरोधकर्त्ताओं के पास जाना पड़ा।

निर्भय–निश्चिंत, धीर–गम्भीर और शान्त भाव से माँ उन पुजारियों के सामने गयीं। विरोधी अपने स्वर में चिल्लाये जा रहे थे। माँ ने उन्हें शान्त किया और बोली, "आप चाहें, तो मुझे मार डालें, इसमें मैं कोई हानि नहीं समझती, किन्तु इस धर्मशाला में जिन दुःखियों को शरण मिली है, कृपया उन्हें दुःख न पहुँचाइए। ये शरणार्थी जीवन की अन्तिम घड़ियाँ गिन रहे हैं। इस दुनिया को छोड़ते समय उन्हें शान्ति से रहने दीजिए।"

माँ के शब्दों का जादू जैसा प्रभाव पड़ा। उनकी अहिंसामयी वाणी के जल से हिंसा का लावा तुरन्त शान्त पड़ गया। सभी विरोधी, मन्दिर के पुजारी माँ का मुँह देखने लगे, मानो उनके लोकोत्तर व्यक्तित्व ने उन्हें अभिभूत कर दिया हो।

संयोग कि इन्हीं विरोध करने वाले पुजारियों में एक कुछ समय बाद गम्भीर रूप से तपेदिक का रोगी बन गया। उसके घर वालों ने उसका उपचार किया, किन्तु कोई सफलता नहीं मिली। उसका अन्त निकट दिखायी देने लगा। रोग असाध्य हो गया था। माँ को इसका पता चला, तो उनकी ममता जाग उठी। अब इस रोगी को घर से भी उपेक्षा मिलने लगी थी। माँ उसके पास गयीं और उसे निर्मल हृदय में ले आयीं।

मृत्यु अनिवार्य है, फिर भी अपना कर्तव्य माँ ने पूरा किया। जो कार्य उसके पारिवारिकजन ने नहीं किया, उसे माँ ने किया। स्वजन से उसे उपेक्षा मिली, माँ ने उसे अपनत्व और ममता दी। यद्यपि उसे बचाया नहीं जा सकता था तथापि अन्तिम समय में उसे जो सेवा–सुश्रुषा, ममता–स्नेह मिला उससे उसे एक शान्तिपूर्ण मृत्यु

प्राप्त हुई। जीवन के अन्तिम समय में व्यक्ति को इसी की आवश्यकता होती है। माँ के इस अलौकिक व्यवहार से, इस मानवोचित उदारता से, इस सहानुभूति से कालीघाट मन्दिर के सभी पुजारी उनके समक्ष श्रद्धा से नत हो गये। उन्हें अपने पूर्व व्यवहार पर पश्चात्ताप होने लगा। उन्हें माँ के रूप में जगजननी की मूर्ति के दर्शन हुए। एक पुजारी अपने इन मनोभावों को रोक नहीं सका। उसने माँ को प्रणाम किया और बोल उठा, ''माँ! विगत तीस वर्षों से माँ की पूजा करता आ रहा हूँ। आज मुझे आप में ही अपनी माँ के दर्शन हुए। माँ! मैं स्वयं को धन्य समझ रहा हूँ। मेरा जीवन सफल हो गया।''

चाहे संकीर्णता में पड़कर कोई किसी महान आत्मा का विरोध करे, किन्तु जब वह उस आत्मा की महानता से परिचित होता है, तो उसे सत्य को स्वीकार करना ही पड़ता है। यही इस घटना से भी सिद्ध होता है।

आज उसी कालीघाट के काली मन्दिर से लगा निर्मल हृदय कितने ही मरणासन्न लोगों की शरण स्थली बना हुआ है। पीले रंग के इस भवन में प्रवेश करने पर सामने दिखायी देता है, 'निर्मल हृदय' का श्याम पट्ट, जिस पर लिखा है–

'Corporation of Calcutta
Nirmal Hriday
Home for dying distitutes.'

कलकत्ता पौर प्रतिष्ठान, निर्मल हृदय, मुमूर्षु निराश्रयों का आश्रय स्थान।

नीचे की पंक्तियाँ बंगला भाषा में लिखी हुई हैं। इसी श्यामपट्ट के कारण काली मन्दिर के पुजारियों ने विरोध किया था। यह 'निर्मल हृदय मुमूर्षु आश्रम' केवल सैद्धान्तिक और दिखाने भर के लिए नहीं है। यह वास्तविक अर्थों में निराश्रय मरणासन्न व्यक्तियों का सेवा-केन्द्र है। इसकी व्यवस्था का उत्तरदायित्व एक सिस्टर पर है।

यद्यपि निर्मल हृदय के पास केवल दो ही कमरे हैं, एक पुरुषों के लिए और दूसरा महिलाओं के लिए। दोनों कमरों में अधिक से अधिक तीन सौ व्यक्ति आ सकते हैं, फिर भी कोई भी मुमूर्षु यहाँ पहुँच जाने पर लौटाया नहीं जाता। 'निर्मल हृदय' में स्थान की कमी बाधक नहीं बनती, यहाँ पहुँचे मुमूर्षु का पूर्ण उत्तरदायित्व निर्मल हृदय का हो जाता है। लगभग तीन सौ चारपाइयों के होने पर भी, कभी किसी मुमूर्षु को निर्मल हृदय से निराश नहीं होना पड़ा। कलकत्ता जैसी महानगरी में प्रतिदिन अनेक मुमूर्षु यहाँ पहुँचते हैं। उनकी व्यवस्था कैसे हो पाती है, इस प्रश्न का यही उत्तर मिलता है, ''शैय्याएँ चाहे कितनी ही कम क्यों न हों, फिर भी हम किसी मुमूर्षु को नहीं लौटाते। लौटाएँ भी क्यों, यह घर तो है ही उन्हीं का, लौटाने का प्रश्न ही नहीं उठता। जैसे भी बन पड़े, कुछ न कुछ व्यवस्था हो ही जाती है।''

□□

कलकत्ता महानगरी में जन-जन की श्रद्धास्पद थीं माँ टेरेसा। किसी से भी पूछिए कि वहाँ सर्वाधिक जनप्रिय व्यक्तित्व कौन था, तो एक ही उत्तर मिलेगा—'माँ टेरेसा।'

आखिर इसके पीछे क्या कारण था? माँ तो प्रचार-प्रशंसा आदि से सर्वथा दूर रहती थीं। वह आत्माराम थीं, आत्मा में विचरण करने वाली। वह जो कुछ भी करती थीं, अपना कर्तव्य समझ कर करती थीं, "स्वान्तः सुखाय।" न कि प्रदर्शन अथवा प्रशंसा के लिए। इसीलिए वह व्याख्यान, भाषण, प्रेस-पत्रकार आदि से दूर ही रहती थीं। उनका प्रत्येक कार्य ईश्वर को समर्पित था। पीड़ितों की सेवा ही उनका धर्म था। अपने इसी धर्म के निर्वाह में उन्हें ईश्वर के दर्शन होते थे। उनकी इसी भावना का मूर्त रूप है 'निर्मल हृदय', जिसके विषय में पूछे जाने पर कलकत्ता का कोई भी निवासी यह नहीं कहेगा कि वह इसके विषय में कुछ नहीं जानता।

निर्मल हृदय से माँ को भी विशेष प्रेम था। माँ जब भी कलकत्ता में होती थीं, प्रत्येक रविवार की प्रातः निर्मल हृदय में अवश्य आती थीं। विदेशों में रहने पर भी वह निर्मल हृदय को नहीं भूलती थीं।

मरणासन्न व्यक्ति की सेवा माँ की दृष्टि में यीशु की सेवा थी, उस पवित्र निर्मल आत्मा की सेवा जो मानवता के लिए बलिदान हो गया। इसीलिए माँ को निर्मल शब्द से विशेष लगाव था। 'निर्मल शिशु भवन' और 'निर्मल हृदय' माँ के इसी लगाव के सूचक हैं।

वास्तव में माँ का हृदय 'परदुःख कातर' था, निष्कलुष था, स्वच्छ और निर्मल था। उनके द्वारा स्थापित ये सभी संस्थाएँ उनके हृदय की इसी निर्मलता को इंगित करती हैं।

दो विशाल कक्ष, एक पुरुषों का दूसरा महिलाओं का, इनके बीच में एक सफेद पर्दा, दाहिनी ओर रसोई घर और एक कोने में कुछ ऊँची जगह, जो कार्यालय का काम देती है। कार्यालय की सामग्री है, एक जोड़ा कुर्सी-मेज़ तथा दो पंजिकाएँ।

कमरों में एक से दूसरे सिरे तक लोहे की चारपाइयाँ लगी रहती हैं, जिन्हें मोड़कर इधर-उधर ले जाया जा सकता है तथा खड़ा किया जा सकता है। स्वच्छता का पूरा प्रबन्ध रहता है। केवल स्थान की कमी को छोड़कर यहाँ का सभी प्रबन्ध किसी भी चिकित्सालय से उत्तम रहता है। प्रत्येक चारपाई के पास आने-जाने के लिए एक संकरी-सी जगह है।

प्रायः दो सौ रोगी यहाँ नित्य देखे जा सकते हैं। कार्यालय की एक पंजिका में भर्ती होने वाले रोगी का नाम व पता लिखा जाता है तथा दूसरी में मृतकों की मृत्यु तिथि का उल्लेख रहता है।

प्राय: ऐसे ही मरणासन्न रोगी यहाँ आते हैं, जो कुछ ही समय बाद दुनिया से विदा हो जाते हैं। फिर भी निर्मल हृदय की बहिनें अपने कर्तव्य पालन में पूरी सावधानी रखती हैं। यदि सौभाग्य से किसी के प्राणों की रक्षा हो जाती है तो वह व्यक्ति फिर यहीं का होकर रह जाता है। निर्मल हृदय का स्नेह पाकर वह फिर वापस जाना ही नहीं चाहता। भला जाए भी कहाँ, इसी विषय में माँ का कहना था, "वे जाएँ भी तो कहाँ जाएँ, उनके लिए कहीं अन्यत्र आश्रय भी तो नहीं है।"

प्रत्येक रविवार की प्रात: चर्च में प्रार्थना के बाद माँ निर्मल हृदय पहुँच जाती थीं। वहाँ पहुँचकर वह प्रत्येक शैया के पास जाकर रोगी का हाल-चाल मालूम करती थीं।

नित्य प्रति वहाँ अनेक करुणाजनक दृश्य दिखायी देते हैं। जैसे शैयाएँ कम होने पर कोई रोगी फ़र्श पर ही लेटा हुआ काँप रहा है। वह व्यक्ति किसी सम्पन्न घर का लगता है। उससे पूछा जाता है, "अस्पताल क्यों नहीं गए?"

"वहाँ देखने वाला कोई नहीं है। इसलिए यहीं रहना चाहता हूँ। मुझे यहीं रहना अच्छा लगता है।" उत्तर मिलता है।

इस पर माँ उसे सान्त्वना देती थीं, धैर्य बंधाती थीं, "अच्छा-अच्छा, कोई बात नहीं। घबराओ नहीं।"

इसके बाद माँ दूसरी शैया के पास पहुँचतीं। उसमें कोई रोगी लेटा है, जिसका मुँह कम्बल से ढका हुआ है। माँ उसके मुँह का कम्बल हटातीं। माँ प्यार से उसके सिर पर हाथ फेरने लगतीं। रोगी बेखबर पड़ा है। सहसा माँ कह उठतीं, "लगता है, यह बेचारा अब अधिक नहीं जियेगा।"

उसी समय उस रोगी का प्राणान्त हो जाता है। माँ उसके शरीर को ढक देतीं।

आगे एक अन्य शैया है। उसमें कोई वृद्ध व्यक्ति लेटा हुआ 'गों-गों' कर रहा है। उसे सांस लेने में कठिनाई हो रही है। माँ पलट कर दूसरे रोगी की ओर देखतीं कि तभी इस शैया का रोगी शब्दहीन हो जाता है। माँ उसके माथे पर हाथ रखतीं, नाड़ी देखतीं और कह उठतीं, "चल बसा।"

माँ के कहने पर सिस्टर उस रोगी को सफेद चादर से ढक देतीं।

आगे एक शैया पर एक व्यक्ति लेटा हुआ है। किसी ट्रक से कुचला पड़ा। घर में उसकी पत्नी-बच्चे सभी हैं। उन्होंने सरकारी अस्पताल पहुँचा दिया। वहाँ कोई लाभ न हुआ और घर वालों ने भी मुँह मोड़ लिया। अस्पताल वाले सड़क पर छोड़ गये। किसी प्रकार वह निर्मल हृदय आ गया। यहाँ उसका पाँव काटना पड़ा। उसकी शैया के पास जाने पर माँ उसका पाँव सहलाने लगती हैं।

एक शैया पर एक युवक बैठा है। उसके माँ-बाप तभी इस दुनिया से चल

बसे, जब वह बच्चा ही था। गाँव छोड़कर वह कलकत्ता चला आया। यहाँ आकर मेहनत मजदूरी करता हुआ पेट भर रहा था कि तपेदिक हो गयी। निदान उसे भी निर्मल ह्रदय में शरण लेनी पड़ी।

एक अन्य चारपाई पर कोई किशोर बैठा है। वह अनाथ किशोर भी यक्ष्मा से ग्रस्त हो चुका है। निर्मल ह्रदय में उसे नया जीवन मिला।

महिलाओं के कक्ष में एक शैया पर एक युवती पड़ी हुई है, जो मरणासन्न अवस्था में है। सिस्टर उसका उपचार कर रही है।

एक अन्य बालिका एक बिस्तर पर बैठी है। वह गाँव की रहने वाली है। वहाँ उसे तपेदिक हो गयी थी वह शहर चली आयी, किन्तु शहर में कोई आश्रय नहीं था। विवश होकर सड़कों पर रात्रि व्यतीत करनी पड़ती। उसके सौभाग्य से निर्मल ह्रदय की बहिनों की दृष्टि उस पर पड़ गयी और उसे ले आयीं। अब वह स्वास्थ्य लाभ प्राप्त कर रही है।

बहुधा सिस्टर्स ऐसे रोगियों को भी निर्मल ह्रदय में ले आती हैं, जिन्हें अन्य चिकित्सालय अपने यहाँ भर्ती करना अस्वीकार कर देते हैं।

पहली बार माँ को सड़क पर एक ऐसी मरणासन्न महिला मिली, जिसका शरीर चींटियों और चूहों ने नोच-कुतर डाला था। माँ उस महिला को एक अस्पताल में ले गयीं, क्योंकि उस समय निर्मल ह्रदय अस्तित्व में नहीं आया था। अस्पताल के डाक्टरों ने उस महिला को भर्ती करना अस्वीकार कर दिया। माँ को सेवा का संकल्प लेने वाले चिकित्सकों से इस प्रकार के क्रूर व्यवहार की अपेक्षा न थी। ऐसे चिकित्सकों की हठधर्मिता के विषय में माँ ने कहा था—"डाक्टर, नर्स, समाज कल्याण के कर्मचारी—यह सत्य है कि सब बुरे नहीं हैं, किन्तु इस तथ्य को अस्वीकार नहीं किया जा सकता कि डाक्टरों का व्यवहार कभी-कभी आशा के अनुकूल नहीं होता।"

डाक्टरों के मना करने पर भी माँ वहाँ से न हटीं। माँ के सत्याग्रह के समक्ष उन डाक्टरों को पराजय माननी पड़ी तथा वह महिला भर्ती कर ली गयी।

इस घटना ने माँ के ह्रदय को उद्वेलित करके रख दिया। कदाचित् इस घटना से माँ को जो दु:ख हुआ, उसी की परिणतिस्वरूप निर्मल ह्रदय अस्तित्व में आया।

परदु:ख कातर माँ भला किसी को दु:खी कैसे देख सकती थीं! माँ किसी के दु:ख को नहीं सह सकती थीं, प्रत्येक दु:खी उनके लिए यीशु का स्वरूप था। समाज के उपेक्षितों से माँ को गहरी सहानुभूति थी।

माँ का सदा प्रयत्न रहता था कि उपेक्षियों को भी यह अनुभूति हो कि उन्हें भी कोई प्यार करता है।

□□

निर्मल हृदय के प्रत्येक रोगी का अपना एक मर्मस्पर्शी अतीत है। उनके दुःखों की अलग-अलग कहानियाँ रही हैं। प्रत्येक दिन अनेक रोगी आते हैं। कई मृत्यु को प्राप्त हो जाते हैं। मरते समय उन्हें कम से कम यह सन्तोष तो रहता ही होगा कि वे मनुष्यों के बीच में मर रहे हैं। मरने के बाद उनके मृत शरीरों की दुर्गति नहीं होगी, जो मनुष्य की एक स्वाभाविक दुर्बलता है। भले ही वह जानता है कि मरने के बाद यह शरीर मिट्टी है, फिर भी यह कोई नहीं चाहता कि उसके मृत शरीर की दुर्गति हो।

निर्मल हृदय में प्रायः नित्य ही मुमूर्षु परलोक सिधारते रहते हैं, अतः वहाँ मृत्यु की भयावहता एक सामान्य बात बन गयी है, फिर भी वहाँ जाकर इन दृश्यों को देखने वाले व्यक्ति को अपना हृदय कठोर बनाना पड़ता है।

कभी-कभी वहाँ किसी मृत्यु को देखकर व्यक्ति क्षुब्ध हो उठता है। वह घटना धीर-गम्भीर माँ के हृदय को भी झकझोर देती होगी। एक बार मरणासन्न अवस्था में एम्बुलेन्स द्वारा सियालदह से एक युवती निर्मल हृदय में लायी गयी। उस समय रात्रि के लगभग दस बजे थे। निर्मल हृदय के सभी प्राणी भोजन कर चुके थे। वह युवती अपनी जिन्दगी के अन्तिम क्षण गिन रही थी। उसे सांस लेने में भी भयंकर कष्ट हो रहा था, फिर भी वह बीच-बीच में 'भात दो-भात दो।' चिल्ला पड़ती थी।

उसकी यह करुणाजनक दशा देख माँ ने उसके लिए भात-दाल तैयार कराये। एक थाली में भोजन परोसकर उसके सामने रखा गया। कई दिनों की भूखी वह मरणासन्न युवती अपने सामने भात-दाल देखते ही उठकर बैठ गयी, जैसे वह अपना समस्त कष्ट भूल गयी हो। उसने एक क्षण उस थाली को देखा और दूसरे ही क्षण गिर पड़ी। उसने अन्तिम सांस ली तथा दुनिया से विदा हो गयी।

मरते समय उसे निश्चय ही इससे बड़ा सन्तोष हुआ होगा कि कम से कम अभी तक दुनिया में कुछ तो ऐसे मानव हैं, जो उसके समक्ष भात की थाली रख सकते हैं।

मौत के मुँह से कोई किसी को नहीं बचा सकता, किन्तु प्रेम, दया और सहानुभूति का कोई मूल्य नहीं है। माँ को इसी से अपरिमित सन्तोष मिलता था कि वह दुःखियों की सेवा कर रही हैं। कम से कम कष्ट से व्याकुल मनुष्य को अन्तिम समय तो यह सन्तोष हो कि उससे भी सहानुभूति रखने वाले लोग हैं।

परलोक के विषय में विभिन्न धर्मों की मान्यताएँ भले ही अलग-अलग हैं, कदाचित् यह कोई नहीं चाहेगा कि जीवन के अन्तिम क्षणों में उसे सन्तोष-शान्ति न मिले।

□□

कभी एक कहानी पढ़ी थी। एक व्यक्ति से राजा ने कहा, "तुम कल प्रातः सूर्योदय से सूर्यास्त तक दौड़ते रहो। इस दौड़ में तुम जितनी जगह घूम लोगे, वह समस्त भूमि तुम्हें दे दी जाएगी।"

लालच से अन्धा बना वह व्यक्ति दूसरे दिन सूर्योदय होते ही दौड़ने लगा, सारे दिन वह दौड़ता रहा। न उसे अपने शरीर की सुध थी, न दुनिया की। ज्यों-ज्यों दिन ढलता वह थकता जाता, किन्तु लोभ उसे दौड़ते रहने के लिए प्रेरित करता। सूर्यास्त का समय समीप आने पर वह और अधिक दौड़ने लगा। जिस समय सूर्यास्त हुआ, वह थककर चूर हो चुका था, फिर भी जब उसने पीछे देखा, यह जानने के लिए कि उसने कितनी भूमि पर अधिकार कर लिया है, तभी उसकी मृत्यु हो गयी।

अन्त में उसे पृथ्वी की गोद में दबा दिया गया, जिसके लिए केवल दो गज भूमि की आवश्यकता पड़ी।

इस कथा का उल्लेख करने के पीछे हमारा केवल इतना ही उद्देश्य है कि दो प्रकार की मृत्यु होती है, पहली सन्तोष की सांस लेकर मरना और दूसरी अशान्त मृत्यु। निर्मल हृदय में उपर्युक्त युवती की मृत्यु के समय उसे इस बात का सन्तोष हुआ होगा कि चलो, मरते समय तो उसके सामने भोजन आ ही गया। इस दूसरी कहानी में लोभ का वशीभूत व्यक्ति मृत्यु को प्राप्त हो गया, किन्तु मरते समय भी वह सन्तुष्ट न था। वह यही चाहता था कि यदि सूर्यास्त कुछ और देरी से होता, तो कुछ और भूमि पर उसका अधिकार हो जाता।

□□

मुमूर्षु आश्रम, अर्थात् निर्मल हृदय के अस्तित्व में आने पर पहले सिस्टर्स रोगियों को सड़कों से उठाकर ले आती थीं। कुछ समय बाद निर्मल हृदय मरणासन्न रोगियों के लिए स्वर्ग बन गया और इतना प्रसिद्ध हो गया कि लोग इस प्रकार के रोगियों को देखते ही यहाँ पहुँचा देते या मार्ग में कोई व्यक्ति पड़ा देखते तो एम्बुलेंस के लिए फोन कर देते। इसके बाद एम्बुलेंस उस व्यक्ति को निर्मल हृदय ले आती।

निर्मल हृदय में आने पर प्रत्येक व्यक्ति को इसकी अनुभूति करायी जाती है कि उसके साथ प्यार करने वाले लोग भी इस धरती पर विद्यमान हैं। इस विषय में माँ के शब्द उल्लेखनीय हैं—

"सबसे पहले हम उन्हें यह बताना चाहते हैं कि उन्हें प्यार करने वाले लोग इस दुनिया में हैं। मृत्यु तो अवश्यंभावी है। मृत्यु के समक्ष जाने से पूर्व थोड़े स्नेह का स्पर्श मिल सके, यही उन्हें यहाँ लाने की एक सार्थकता है।"

निर्मल हृदय में आने वाले मुमूर्षुओं में प्रायः 95 प्रतिशत दुनिया से चल बसते हैं! शेष पाँच प्रतिशत जीवित रहने वाले यहाँ से लौटकर नहीं जाना चाहते। इनमें

काम करने में सक्षम व्यक्तियों के लिए काम ढूंढ़ा जाता है। ऐसे ही कई युवक-युवतियाँ आज विभिन्न प्रकार से अपनी जीविका का निर्वाह कर रहे हैं, कुछ निर्मल हृदय में ही रोगियों की सेवा आदि कार्य करते हैं।

जीवित रहने पर भी किसी प्रकार का कार्य करने में असमर्थ लोगों को 'होम' में भेज दिया जाता है, जहाँ वे जीवनपर्यन्त सुखपूर्वक रहते हैं।

निर्मल हृदय के मुमूर्षुओं के लिए माँ मानव रूप में साक्षात भगवती थीं। किन्तु माँ इस कार्य का कोई श्रेय नहीं लेना चाहती थीं। वह इस कार्य को ईश्वर की सेवा समझती थीं। उनकी यह निःस्वार्थता, निर्लिप्तता, अकिंचनता की भावना ही उनकी महनीयता थी।

निर्मल हृदय की बहिनें तो रोगियों की सेवा अपना धर्म समझकर करती ही हैं साथ ही अनेक विदेशी युवक भी स्वेच्छा से यह कार्य करते हैं। वहाँ कुछ ऐसे युवक प्रायः मिल जाएँगे जो सम्पन्न घरों के हैं। सात समुद्र पार से वे कलकत्ता आते हैं। यों कहा जा सकता है कि माँ का महान् व्यक्तित्व और कार्य उन्हें यहाँ खींच लाते हैं।

यहाँ आकर ये युवक रोगियों की सेवा करते हैं निःस्वार्थ भाव से, निरपेक्ष होकर।

कोई मालिश कर रहा है, कोई किसी को नहला रहा है, इसमें उन्हें न कोई कष्ट होता है, न ही कोई कुण्ठा।

मानवता के महान् कार्य में अपना सहयोग देना, पुण्य कार्य में सहयोगी बनना, यही इस सेवा भावना का उद्देश्य है।

इस कार्य में असीम आत्मसन्तोष प्राप्त होता है ऐसा सन्तोष जिसका केवल अनुभव किया जा सकता है, जिसे वर्णित नहीं किया जा सकता '**ज्यों गूंगे को मीठे फल को रस अन्तर्मन ही भावे**।'

ये सेवापरायण युवक न तो स्वेच्छाचारी हैं, न घर से पलायन कर आये हुए। ये सब अच्छे घरों के होते हैं। सभी अपने अभिभावकों की अनुमति लेकर कुछ महीनों के लिए इस तपोभूमि में, इस साधनास्थली में आते हैं। पाश्चात्य जगत् के अत्यन्त व्यस्त समाज से ऊब कर कुछ मास इस आश्रम में रहकर उन्हें दिव्य आनन्द मिलता है।

अपने व्यय पर, अपना समय लगाकर ये युवक कलकत्ता आते हैं, यहाँ दिन भर निर्मल हृदय में मुमूर्षुओं, रोगियों की सेवा करते हैं और रात्रि में होटलों में रहते हैं।

यहाँ से लौटते समय ये अपने साथ एक ऐसा अमूल्य, अपूर्व, अनुपम, अवर्णनीय धन ले जाते हैं, जो पाश्चात्य जगत् के स्वच्छन्द, भौतिकता प्रधान समाज में सर्वथा अप्राप्य है।

यहाँ उन्हें निःस्वार्थ सेवा, अकृत्रिम जीवन, सरल, सहज व्यवहार, दुःखियों अनाथों के प्रति अपनत्व की जो शिक्षा मिलती है, उसे पाश्चात्य जगत् के लिए बालू से तेल निकालने के समान ही कहा जाएगा।

कुष्ठ-रोग आश्रम : शान्ति नगर

कुष्ठ रोग, जिसे मानव जीवन का एक भयंकरतम अभिशाप समझा जाता है। इस रोग से ग्रस्त व्यक्ति को घृणा का पात्र समझा जाता है। ईश्वर न करे, यदि किसी को यह रोग हो जाता है, तो उसका जीवन जीते जी नरक के समान बन जाता है। परायों की तो बात दूर, उसके अपने परिवार वाले भी उससे घृणा करने लगते हैं।

आज कुष्ठ रोग साध्य है।

यह कोई संक्रामक रोग नहीं है।

फिर भी जन-सामान्य के मानस में एक भय एवं घृणा की भावना व्याप्त है।

यही कारण है कि समाज, घर, परिवार द्वारा तिरस्कृत कुष्ठ रोगी भीख मांगने के लिए विवश हो जाते हैं। यदि वे भीख न मांगें तो क्या करें। उनके अपने परिवार वाले भी उन्हें ठुकरा देते हैं।

एक सज्जन हैं, जो उ. प्र. के पुलिस विभाग में सब-इन्स्पेक्टर हैं। दुर्भाग्य से उनकी माँ को कोढ़ हो गया। पुत्र ने माँ का उपचार कराना छोड़ उसे आत्महत्या के लिए बाध्य करने की सोची। माँ को गाँव से हरिद्वार ले गये, गंगा स्नान कराने के बहाने। अभी रोग का प्रकोप अधिक नहीं हुआ था। वहाँ माँ को एक एकान्त स्थान पर ले जाकर वह बोले, "माँ! अब तुम्हारा जीना व्यर्थ है। मेरी भी बदनामी होगी। मेरे बच्चों के लिए भी तुम्हारा रोग एक अभिशाप बन जाएगा। तीर्थ में आयी हो, इससे अच्छा अवसर फिर नहीं मिलेगा, अतः गंगा की पवित्र धारा में जल समाधि ले लो, सीधे स्वर्ग जाओगी।"

माँ अनपढ़ भले ही थी, किन्तु अपना जीवन किसे प्यारा नहीं होता! वृद्धा माँ के मन पर क्या बीती होगी, इसकी तो हम केवल कल्पना भर कर सकते हैं, फिर भी उसने ऐसा करना अस्वीकार कर दिया।

वृद्धा माँ किसी तरह भीख मांगकर गुज़ारा करती रही।

यह एक सत्य घटना है। इसे घटे भी अधिक समय नहीं हुआ है। इस घटना से हम सहज ही कुष्ठ रोगियों की पीड़ा का अनुमान लगा सकते हैं।

इस विचारणीय सामाजिक समस्या पर माँ ने विचार किया। माँ के एक घनिष्ठ सहयोगी ने उनसे कहा था कि भले ही यह संक्रामक रोग नहीं है, फिर भी लोगों में इस विषय में एक घृणा की भावना व्याप्त है।

माँ का हृदय कुष्ठ रोगियों की इस पीड़ा को नहीं देख सका। वह उनके पुनर्वास तथा उपचार के लिए प्रयत्नशील हो गयीं। उनके प्रयत्नों के परिणामस्वरूप प. बंगाल की सरकार ने उन्हें 34 एकड़ भूमि प्रदान की। आज आसनसोल के समीप इसी भूमि पर कुष्ठ रोग का आश्रम, रोगियों का पुनर्वास केन्द्र 'शान्ति नगर' बसा हुआ है।

सन् 1957 में सर्वप्रथम माँ के पास पाँच कुष्ठ रोगी आये थे, जिन्हें अभी इस रोग का अधिक प्रकोप हुआ भी नहीं था, किन्तु रोग के लक्षण प्रकट होते ही उन्हें नौकरियों से निकाल दिया गया था। नौकरियों से ही नहीं, घर वालों ने भी उनका बहिष्कार कर दिया था। चारों ओर से निराशा ही हाथ लगने के कारण वे भीख मांगने के लिए बाध्य हो गये थे।

संयोग से प्रायः इसी समय कुष्ठ रोग विशेषज्ञ डॉ. सेन भी माँ के पास आए। माँ ने उनसे इस रोग के विषय में विस्तार से चर्चा की। डॉ. सेन से उन्हें इस विषय में बहुत कुछ जानकारी प्राप्त हुई। माँ के अनुरोध पर डॉ. सेन ने माँ की कुछ बहिनों को इस रोग के उपचार का प्रशिक्षण दिया।

तब से माँ ने कुष्ठ रोगियों की सेवा का कार्य भी आरम्भ कर दिया। इस कार्य के लिए अमेरिका आदि देशों से भी दवाएँ प्राप्त होती हैं। बहिनों की निष्काम-निःस्वार्थ सेवा भावना तथा उपचार से रोगी स्वास्थ्य लाभ प्राप्त करते हैं। कुष्ठ रोग पूर्णरूपेण साध्य है, किन्तु इसमें उचित उपचार की आवश्यकता होती है।

कुष्ठ रोगियों के भली-भाँति स्वस्थ हो जाने पर भी विडम्बना यह है कि उनके परिवार वाले तथा समाज उन्हें अपनाने के लिए तैयार नहीं होते, अतः ऐसे स्वस्थ व्यक्तियों के लिए शान्ति नगर एक स्वर्ग बना हुआ है। ये व्यक्ति फिर शान्ति नगर के ही निवासी हो जाते हैं। यहाँ उन्हें विभिन्न प्रकार के उद्योग-धन्धों का प्रशिक्षण भी दिया जाता है, जिससे वे भविष्य में किसी के आगे हाथ फैलाने के लिए बाध्य न हों।

सर्वप्रथम माँ ने रोगियों के पुनर्वास के लिए एक प्रेस की व्यवस्था की। यद्यपि माँ स्वयं यह कार्य नहीं जानती थीं फिर भी माँ की यह तपस्या व्यर्थ नहीं गयी, कई कुष्ठ रोगी ही अब उस प्रेस को चला रहे हैं।

शान्ति नगर पहुँचने वाले रोगियों में केवल निर्धन और विपन्न ही नहीं, अपितु अनेक सम्पन्न और उच्च शिक्षित डाक्टर, इंजीनियर, अधिकारी आदि भी होते हैं। इन लोगों को यह रोग हो जाने पर उनके परिवार के लोग उन्हें त्याग देते हैं तथा घर छोड़कर चले जाने के लिए बाध्य कर देते हैं।

माँ इन रोगियों की चिकित्सा के लिए विदेशों से भी औषधियाँ प्राप्त करने के लिए सदा प्रयत्न करती रहती थीं। यही नहीं, माँ के हृदय में कुष्ठ रोगियों के

लिए कितनी सहानुभूति थी, इसका अनुमान एक घटना से सरलता से लगाया जा सकता है। सन् 1964 ई. में पोप षष्ठ पाल का भारत आगमन हुआ। वह माँ के कार्यों से परिचित तो पहले से ही थे। यहाँ आकर उन्हें माँ के कार्यों को प्रत्यक्ष देखने का अवसर प्राप्त हुआ। जब वह भारत से वापस लौटे, तो अपनी लिंकन गाड़ी उपहार के रूप में माँ को दे गए। माँ भला उस गाड़ी का क्या करतीं। वह उसमें एक दिन भी नहीं बैठीं। वह उस गाड़ी का उपयोग कुष्ठ रोगियों के लिए करना चाहती थीं। उन्होंने उस गाड़ी को लाटरी के पुरस्कार के रूप में रख दिया। इस लाटरी में कई लाख रुपयों के टिकट बिके। इन टिकटों से प्राप्त हुए सभी रुपए माँ ने कुष्ठ रोग आश्रम की स्थापना के लिए दान कर दिए।

सन् 1971 में माँ को पोप जॉन शान्ति पुरस्कार से सम्मानित किया गया। इस पुरस्कार से प्राप्त इक्कीस हजार पाँच सौ डालर की धन राशि भी माँ ने कुष्ठ रोग आश्रम को दे दी।

आज माँ द्वारा संचालित लगभग पचपन केन्द्रों में लगभग पचास हजार कुष्ठ रोगियों के उपचार की व्यवस्था है। माँ की इसी साधना के परिणामस्वरूप आज अनेक कुष्ठ रोगी इस रोग के अभिशाप से पूरी तरह मुक्त होकर सामान्य जीवन जी रहे हैं। इस विषय में श्री सुदेव राय चौधरी ने अपनी पुस्तक 'माँ टेरेसा' में एक घटना का उल्लेख किया है, जो निम्नवत् है :—

''करुणामयी माँ और उनकी हज़ार से अधिक बहिनें मिलकर सेवा के इस संसार को प्यार के लेप से नित्य नवीन करती रहती हैं। गांधी जी के जन्म दिवस 2 अक्टूबर को टीटागढ़ के कुष्ठ रोग आश्रम में प्रायः उसी समय इस रोग से मुक्त युवती की बातें दीर्घकाल तक याद रहेंगी। 'गांधी प्रेम निवास' नामक कुष्ठ रोग आश्रम की स्थापना के बाद राज्यपाल डायस चले गए थे। शनैः-शनैः आयोजन का प्रांगण खाली हुआ। सहसा अधेड़ अवस्था का एक व्यक्ति माँ के पास आया। माँ को देखते ही अधमैला कुर्ता पहना हुआ वह व्यक्ति बोला, ''माँ! मेरी बेटी स्वस्थ हो गई है। उसका विवाह भी निश्चित हो गया है। दिन और मुहूर्त भी तय हो गया है। वर पक्ष वाले सोने के बटन, अंगूठी और घड़ी मांग रहे हैं। मैं कपड़े-गहने कहाँ से लाऊँ माँ! माँ! आपके रहते...।''

माँ का हृदय पिघल गया। वह बोलीं, ''होगा, होगा। जब उसका कुष्ठ रोग दूर हो गया, तो विवाह भी होगा।''

जैसी बात, वैसा ही काम। गाड़ी पर बैठते ही एक सिस्टर को पुकारा। शुद्ध बंगला में बोलीं, ''अरे! मेरे पास एक अँगूठी है ना? वह रहे या न रहे, इस लड़की का कुछ ठिकाना तो करना ही होगा।''

पास ही तेरह-चौदह वर्ष की एक लड़की खड़ी थी। उसे देख माँ ने पास बुलाने के लिए हाथ हिलाया। उसके पास आते ही माँ बोलीं, "तुम्हारा हाथ कैसा है? तेल मालिश तो करती हो ना? आउट-डोर में नियम से तो आ रही हो?"

लड़की कुछ देर तक मुग्ध दृष्टि से माँ के मुँह की ओर देखती रही और फिर बोली, "हाँ माँ! दाग लगभग मिट चुका है।"

□□

कुष्ठ रोगियों को भीख मांगते देख माँ को अपार वेदना होती थी। माँ कहीं जा रही हों और कुष्ठ रोगी भीख मांगते हुए मिल जाएं, तो माँ सीधे उनके बीच में पहुँच जातीं। उनसे बातें करतीं, उनके शरीर को छूतीं। इससे उन रोगियों के मन को जो आनन्द मिलता होगा इसकी कोई कल्पना भी नहीं कर सकता।

यही नहीं, माँ प्रत्येक बस्ती में जाकर भी रोगियों की खोज खबर लेती थीं, उनके घावों को धोना, उनके शरीर पर हाथ फेरना, माँ के लिए एक सामान्य बात थी। इससे उन्हें अपार आनन्द प्राप्त होता था।

क्या कोई साधारण मनुष्य ऐसा कार्य कर सकता है? घृणा पर विजय पाना हर किसी के वश की बात नहीं।

घृणा पर विजय—

रागद्वेष से दूर—

निर्लिप्त-निष्काम—

ऐसा जीवन भला श्रद्धा का पात्र कैसे नहीं होगा?

हमारे राष्ट्रपिता महात्मा गांधी भी कुष्ठ रोगियों के शरीर में स्वयं तेल की मालिश करते थे। प्रसिद्ध योगी स्वामी मुक्तानन्द भी कुष्ठ रोगियों की सेवा में आनन्द को देखते थे। एक बार स्वामी जी से कुछ ईसाई पादरियों ने कहा, "क्या आप हमें ईश्वर के दर्शन करा सकते हैं?"

"हाँ" स्वामी जी ने कहा, "कल प्रातः आना।"

दूसरी प्रातः दोनों पादरी स्वामी जी के आश्रम में पहुँचे, किन्तु स्वामी जी उनके आते ही वहाँ से चल पड़े और बोले कुछ भी नहीं। दोनों पादरी उनके पीछे हो लिए।

जाते-जाते स्वामी जी एक झोपड़ी में पहुँचे। वहाँ एक कुष्ठ रोगी लेटा हुआ था। स्वामी जी तेल से उसके शरीर में मालिश करने लगे। कुछ देर बाद जब वह मालिश कर चुके, तो उन्होंने पादरियों से पूछा, "क्या तुम्हें ईश्वर के दर्शन हो गए हैं?"

दोनों पादरी स्वामी जी के चरणों में गिर पड़े। उनके मुँह से केवल इतना ही निकल सका, ''आज हमें साक्षात् यीशु के दर्शन हो गये हैं।''

स्वामी विवेकानन्द की शिष्या भगिनी निवेदिता भी इससे पूर्व दरिद्रनारायण की सेवा का आदर्श उपस्थित कर चुकी हैं। सन् 1899 ई. में जब कलकत्ता में प्लेग फैला तो स्वामी जी ने रोग के संक्रमण को रोकने का भार अपनी इसी शिष्या को सौंपा। बहिन निवेदिता तेज धूप में हाथ में झाड़ू लेकर सड़क की सफाई करने के लिए तत्पर हो गयी थीं, तब युवकों ने उनके हाथ से झाड़ू ली और स्वयं सड़कों पर झाड़ू लगायी।

□□

पीड़ित मानव की सेवा माँ का धर्म था। माँ अपने सहयोगियों को भी सदा यही प्रेरणा देती थीं। उन्होंने अपने एक सहयोगी को पत्र में भी यही लिखा था–

''मैं क्षुधार्त (भूख से व्याकुल) हूं–केवल भोजन के लिए नहीं, शान्ति के लिए भी, किन्तु वह शान्ति आयेगी पवित्र हृदय से।

''मैं पिपासाकुल हूँ–पानी नहीं, जिससे युद्ध की प्यास मिटे, वह शान्ति, सम्पूर्ण शान्ति ही मुझे अभीष्ट है।

''मैं वस्त्रहीन हूँ–वस्त्रों की कमी से नहीं, स्त्री–पुरुषों के अपमान से। मैं गृहविहीन हूँ–ईंट–पत्थर के बने सहारे के अभाव में नहीं, उस हृदय के अभाव में जो प्यार वितरित कर सके।

''सामर्थ्य के लोभ को त्यागकर सबको प्यार करने से ही ईश्वर को प्राप्त किया जा सकता है।

''घृणा, द्वेष, हिंसा के हाथों से मुक्त होने का एकमात्र अस्त्र प्रेम है। मुस्कराते हुए समस्त कार्य करते रहने में ही जीवन की मधुरता निहित है।''

प्रेमदान

असामान्य बुद्धि और विकलांग बालकों की शरण स्थली है, माँ की ममता का एक अन्य मूर्त रूप प्रेमदान। उनका यह प्रेमदान कलकत्ता के पूर्वी अंचल तिलजला में स्थित है।

पहले यह भवन आई. सी. आई. (भारत) का था। इसमें तकनीकी सेवा प्रयोगशाला बननी थी। आई. सी. आई. ने सन् 1973 में इसे माँ को समर्पित कर दिया। प्रेम के कारण दिये गये इस भवन का नाम उन्होंने 'प्रेमदान' रखा, जो आज नये रूप में अपने इस नये नाम की सार्थकता का परिचय दे रहा है।

5 अप्रैल 1973 को पश्चिम बंगाल के तत्कालीन राज्यपाल ए. एल. डायस ने प्रेमदान का उद्घाटन किया। इस भवन के पास पाँच एकड़ भूमि है। इसी भूमि के बीच 'प्रेमदान' स्थित है। इसमें पर्याप्त स्थान होने के कारण यह कई हज़ार लोगों की सेवा का केन्द्र बना हुआ है। इसमें बड़े-बड़े हॉलनुमा कक्ष, कारीडोर एवं कार्यालय हैं।

यहीं एक ओर एक प्राथमिक पाठशाला है तथा भवन के एक भाग में विकलांगों, अपाहिजों के रहने की जगह है। ये विकलांग बच्चे यहाँ आकर नया जीवन तो प्राप्त करते ही हैं, साथ ही आजीविका निर्वाह के लिए कुछ कार्य भी सीखते हैं।

यहाँ मन्द बुद्धि और विकलांग बच्चों के साथ ही मुमूर्षुओं के रहने की भी व्यवस्था है। इन मन्द बुद्धि अथवा विकलांग बच्चों को यहाँ की बहिनें विभिन्न बस्तियों और गाँवों आदि से लाती हैं। यहाँ उनका उपचार होता है, साथ ही उन्हें कार्य भी सिखाया जाता है। स्वस्थ हो जाने पर बच्चे उनके अभिभावकों को सौंप दिये जाते हैं।

□□

सड़कों पर चलते समय माँ को फुटपाथों पर प्रतिदिन नारियल के अनेक डाभ पड़े मिलते थे। उन्हें देख माँ ने विचार किया कि क्यों न इनका सदुपयोग किया जाए। इन्हें प्राप्त करने में कुछ व्यय भी नहीं करना पड़ेगा। पानी पीने के बाद डाभों को लोग इधर-उधर फेंक देते हैं। इससे सड़कों पर कूड़ा हो जाता है। क्यों न इनसे कुछ बनाया जाए।

यही विचार कर एक दिन माँ ने कुछ डाभ एकत्रित किये और उनकी विभिन्न प्रकार की चीजें बनाने लगीं। इससे माँ को एक नयी प्रेरणा मिली।

प्रेमदान के क्षेत्र में पुनर्वास केन्द्र बना हुआ है। बालक-बालिकाएँ नारियल के खोल जमाकर बहिनों के पास लाते हैं। फिर इन खोलों से प्रेमदान में दरियाँ, गद्दे, जाजिम आदि बनाये जाते हैं।

दोपहर बाद तक बच्चे इन खोलों को जमा करते हैं, किन्तु इन समस्त डाभों को केन्द्र में लाना संभव नहीं हो पाता, क्योंकि इसके लिए एक ही लारी है। इन्हें एकत्रित कर सियालदह के रैन बसेरे के पीछे फुटपाथ पर पिरेमिड के आकार में जमा किया जाता है। सांयकाल इन्हें जमा करने वाले बच्चों को प्रति सौ डाभ एक पौण्ड पाव रोटी अथवा सोलह बिस्कुट, जो वह चाहें, पारिश्रमिक दिया जाता है।

रैन बसेरे के पास से सप्ताह में दो बार लारी इन्हें केन्द्र में लाती है, जहाँ इनका सदुपयोग होता है। इससे प्रेमदान के तीन सौ के लगभग विकलांग बच्चों की आजीविका चलती है।

वस्तुत: माँ का यह कार्य एक प्रशंसनीय पग ही कहा जाएगा। एक व्यर्थ पड़ी चीज़ का सदुपयोग कर माँ ने इन विकलांग बच्चों को एक नवीन जीवन जीना सिखाया। एक सौ डाभ से प्राय: रैनबसेरों को एक वक्त का भोजन मिल जाता है। यह कार्य रुपयों-पैसों में आंकने पर भले ही अधिक महत्त्व का न लगे, किन्तु इससे विकलांग बच्चों को जो एक नई प्रेरणा मिलती है, उसका कोई मूल्य नहीं।

रैन बसेरा

माँ की ममता अनेक रूपों में साकार होकर हमारे सामने आयी है। 'निर्मल शिशु भवन' 'प्रेमदान', 'निर्मल हृदय' 'शान्ति नगर' आदि उनकी इसी ममता के परिचायक हैं। इन्हीं में एक अन्य नाम सियालदह का रैन बसेरा है। यहाँ बस्ती में रहने वाले तथा फुटपाथों पर जीवन निर्वाह करने वाले लोग रात्रि में शरण प्राप्त करते हैं।

इस रैन बसेरे में बच्चों की नन्ही दुनिया के अनेक दृश्य देखने को मिल जाते हैं। कुछ बच्चे साफ फर्श पर बैठे हुए पढ़-लिख रहे हैं, कुछ कैरम इत्यादि खेलने में व्यस्त हैं, कुछ खड़े हैं, कुछ बैठे हैं। प्रायः नेकर पहने हुए हैं। बहिनें इन्हें रोज नहलाती हैं, अतः कोई भी बच्चा गन्दा नहीं दिखाई देगा। यहाँ कुछ अनाथ बच्चे ऐसे भी हैं जिनका कोई ठौर-ठिकाना नहीं है। वे दिन भर सियालदह प्लेट-फार्म अथवा अन्य फुटपाथों पर रहते हैं।

रैन बसेरे में इन बच्चों को पढ़ाने के लिए एक पाठशाला भी बनायी गयी है। हिन्दु , मुसलमान, ईसाई सभी सम्प्रदायों के बच्चे यहाँ शिक्षा पाते हैं। चौथी कक्षा तक यहाँ पढ़ाने के बाद इन्हें सैन्ट ऐन चर्च के पास प्रतिभा सेन स्कूल में पढ़ने के लिए भेजा जाता है। वहाँ इन्हें आठवीं तक शिक्षा दी जाती है।

जब ये बच्चे सर्वप्रथम यहाँ आते हैं, तो उस समय फुटपाथों से आये हुए इन बच्चों की दशा का सरलता से अनुमान लगाया जा सकता है। इनके सारे शरीर धूल में सने हुए होते हैं। इन बच्चों में प्रायः जेब काटने वाले अपराधी प्रवृत्ति के बच्चे ही होते हैं। बसों, ट्रामों तथा अन्य भीड़-भाड़ वाले स्थानों पर जेबें काटना ही इनका काम होता है। पकड़े जाने पर इनकी बुरी तरह पिटाई होती है। यह रैन बसेरा इनकी शरण स्थली बनता है। यहाँ आकर ये बच्चे अपना अपराध स्वीकार कर लेते हैं, फिर इनके जीवन का एक सुनहरा अध्याय शुरू हो जाता है।

निर्मल केनेडी केन्द्र

निर्मल केनेडी केन्द्र माँ टेरेसा की ममता का एक अन्य साकार रूप है। सन् 1971 में जब बांग्लादेश से लाखों शरणार्थी भारत आए, तो दमदम हवाई अड्डे से कुछ ही दूर एक स्थान पर उनके लिए शिविर लगाया गया।

उसी समय अमेरिका के सिनेटर एडवर्ड केनेडी भी भारत आए। मिस्टर केनेडी ने एक घटना देखी। घटना बड़ी ही मर्मस्पर्शी और प्रभावित करने वाली थी। अपने कार्यक्रम के अनुसार केनेडी इन शरणार्थी शिविरों को देखने जा रहे थे। स्वाभाविक है कि वह इतना बड़ा नेता पत्रकारों आदि से घिरा रहता था इसलिए वह लोगों को ठीक से नहीं देख पा रहा था। जब वह कलकत्ता में कहीं जा रहे थे, तो भीड़ से पीछे हो गये। उन्होंने देखा एक संन्यासिनी हैजे के रोगी के कपड़े धो रही है। यह सिस्टर कोई और नहीं, माँ टेरेसा की सर्व-प्रथम शिष्या सिस्टर अग्नेस थीं। एडवर्ड केनेडी उनसे हाथ मिलाने के लिए आगे बढ़ गये।

"किन्तु मेरे हाथ तो गन्दे हैं।" सिस्टर अग्नेस ने कहा।

केनेडी बोले, "आपके हाथ जितने अधिक गन्दे होंगे, मैं स्वयं को उतना ही अधिक भाग्यशाली समझूंगा। आप जो कार्य कर रही हैं, उसकी किसी भी अन्य कार्य से तुलना नहीं की जा सकती।"

निश्चय ही केनेडी के ये शब्द माँ के उद्देश्यों के प्रति मानव मात्र की सच्ची आस्था के प्रतीक हैं। वस्तुत: ऐसे कार्यों की तुलना दुनिया के अन्य किसी कार्य से नहीं की जा सकती।

जब बांग्लादेश के विस्थापित देश की स्वतंत्रता पर स्वदेश वापस चले गये, तो शिविर के लिए मिली जगह को माँ ने छोड़ा नहीं। इसी स्थान पर निर्मल केनेडी केन्द्र की स्थापना हुई। इस केन्द्र में मन्द बुद्धि, पक्षाघात के रोगियों तथा विकलांगों के लिए आवास की व्यवस्था है। इस प्रकार के बच्चे यहाँ आम, जामुन, नारियल के वृक्षों के नीचे खेलते हुए बड़ा ही मनोहारी दृश्य उत्पन्न करते हैं।

भवन के भीतर जाने पर अनेक परित्यक्त, अवांच्छित और निराश्रय बच्चों के साथ ही विकलांग, मानसिक रोगिणी तथा परित्यक्ता स्त्रियाँ भी दिखाई देती हैं। यहाँ विशेषज्ञ चिकित्सकों द्वारा इनकी चिकित्सा होती है। पक्षाघात अथवा अन्य किसी कारणों से विकलांग बने रोगियों की सेवा, सुश्रूषा, मालिश आदि करती हुई बहिनें तथा विदेशी युवक भी यहाँ प्राय: देखे जा सकते हैं। विदेशी चिकित्सक भी छुट्टी लेकर इस पुनीत कार्य में अपना सहयोग देने यहाँ प्राय: आते रहते हैं। इन सभी सेवापरायण लोगों के मुखों पर एक अपूर्व सन्तोष का भाव दिखाई देता है।

यहाँ जितने रोगी हैं, प्रत्येक का अपना एक दु:खद अतीत है। कोई जन्मजात

मूक-बधिर है। कोई बाद में किसी दुर्घटना से पक्षाघात से अपनी बोलने-सुनने की शक्ति खो चुका है, कुछ परित्यक्त महिलाएँ कहीं आश्रय न पाकर शरण लेने यहाँ चली आयी हैं।

विकलांग, मन्दबुद्धि बच्चों की दशा देखकर माँ का हृदय उनके प्रति ममता एवं करुणा से भर उठता था। माँ ऐसे बच्चों को मानवमात्र पर कल्याण करने वाले के रूप में देखती थीं। उनका मत था कि ये निराश्रय, विकलांग, मूकबधिर बच्चे मानव समाज के पापों को अपने ऊपर लेकर उसे सुख प्रदान करते हैं। एक बार माँ के किसी प्रशंसक ने माँ से पूछा, ''माँ! इन बच्चों ने क्या पाप किया था? हम बड़े लोग तो पाप करते हैं। हमें इसका दंड भी मिले तो उचित ही है, किन्तु ये बच्चे तो कोई पाप नहीं करते। ये सर्वथा निष्पाप और निर्मल होते हैं, तो फिर इन्हें किस पाप का दण्ड मिलता है?''

प्रश्न वस्तुतः विचारणीय था। कुछ देर तक माँ गम्भीर हो गयीं और फिर बोलीं, ''वास्तव में सुन्दरता यही है। ये निरीह, निष्पाप शिशु अगर इन कष्टों को अपने ऊपर नहीं लेते तो पृथ्वी रसातल में धँस जाती। ये निष्पाप निरीह शिशु ही तो हमें सुखी करने के लिए सारे पापों का दण्ड भोग रहे हैं। इनके इस महान् त्याग की हम कल्पना भी नहीं कर सकते। हम इनके कितने ऋणी हैं, इसका हम वर्णन नहीं कर सकते।''

भला ऐसी उदार कल्पना, ऐसे उदार विचार किसी सामान्य मनुष्य के कैसे हो सकते हैं! माँ बच्चों को, ऐसे बच्चों को जो दुःखी हैं, पीड़ित हैं, मनुष्य मात्र का उद्धारक अथवा दुःखहर्त्ता समझती थीं।

माँ की दृष्टि में, प्रत्येक बच्चा निर्दोष और निष्पाप होता है। वह जीवन को पवित्र वस्तु समझती थीं और यथाशक्ति उसे सुन्दर बनाना मानवमात्र का कर्तव्य समझती थीं। यही माँ की महानता थी।

जिस समय 1971 में बांग्लादेश के शरणार्थी भारत आए, उनकी दयनीय दशा देख माँ द्रवित हो उठीं। उन्होंने उन दुःखी कमज़ोर और रोगी शरणार्थियों के लिए एक स्थान की व्यवस्था करना उचित समझा। इस विषय में कार्य प्रारम्भ हुआ। पहले उन्हें एक जगह के विषय में ज्ञान हुआ, यह जगह, एक बाग में थी, जहाँ फलों के वृक्ष थे। उस बाग को माँ ने ग्रीन पार्क नाम दिया। माँ ने उसी बाग में बैठकर उसके स्वामी से बात की। यह वार्तालाप दिन भर चलता रहा। माँ प्रातःकाल से निराहार थीं। रात्रि में जब वह वहाँ से लौटने लगीं तो बाग के स्वामी की पत्नी उनके लिए एक गिलास नींबू का शर्बत लायी। सभी थके हुए थे। जब माँ को शर्बत दिया गया तो वह बोलीं, ''हम सभी के लिए बाहर खाना निषिद्ध है।''

''हम आपसे खाने के लिए नहीं कह रहे हैं। यह तो शर्बत है। इसे लेने में कोई हानि नहीं।'' बाग के स्वामी ने कहा।

तब माँ ने वह शर्बत पी लिया और रात के ग्यारह बजे वहाँ से लौट पड़ीं। यथा समय भूमि मिल गयी और शरणार्थियों के लिए औषधि आदि की भी व्यवस्था हो गयी।

चाह और राह

परमात्मा में माँ की अगाध आस्था थी। वह कहती थीं, "ईश्वर ने ही मुझे यह राह बतायी है। मेरे हृदय में इसका आभास पहले ही हो गया था।"

वह स्वयं को एक साधनमात्र मानती थीं। उनका दृढ़ मत था कि "उनके बाद उनका यह कार्य निरन्तर चलता रहेगा—यदि यह मान लूँ कि सभी कार्य मैं ही करती हूँ, तो मेरे जीवित न रहने पर, मृत्यु के बाद मेरे कार्य भी समाप्त हो जाएंगे। ऐसा मानने पर इसकी स्वाभाविक रूप में यही परिणति होगी। मेरा दृढ़ विश्वास है कि ईश्वर ही हमारे माध्यम से यह समस्त कार्य कराता है। इसीलिए मनुष्य के पंचतत्वों में समा जाने पर भी कार्य कभी नहीं रुकता। ईश्वर किसी अन्य को माध्यम बनाकर कार्य करा लेगा।"

जिस समय माँ ने स्वतन्त्र रूप से कर्मक्षेत्र में पग रखा उस समय उनके पास क्या था? कुछ न होने पर भी ईश्वर में अपने अटूट विश्वास के कारण उन्होंने असम्भव को भी सम्भव कर दिखाया। माँ कहती थीं, "केवल धन से ही सेवा नहीं होती। इसके लिए परमात्मा के चरणों में सम्पूर्ण समर्पण, प्रेम का विश्वास और आनन्द, यही हमारा मूल धन है। हमारी शक्ति ही मूल धन है। सेवा का हृदय चाहिए। अस्पतालों में डाक्टर, नर्स आदि भी सेवा करते हैं, किन्तु उस सेवा में प्रेम का स्पर्श नहीं होता। सेवा में प्रेम का स्पर्श है या नहीं, यही विचारणीय होता है। प्रेम के संसार में प्रवंचना (धोखा) के लिए कोई जगह नहीं है। केवल कह देने भर से नहीं, हमें अपने कार्य से समझाना होगा कि हम उन्हें प्यार करते हैं। हृदय से, अन्तःस्थल से प्यार करते हैं। अतः उनके पास सदा प्रमुदित मन से जाना होगा। दुःखी मन से उनके पास जाने पर उन्हें दुःख होगा। वे टूट जाएंगे।"

माँ के जीवन में कई बार ऐसे क्षण भी आए, जबकि कर्तव्यविमूढ़ता जैसी स्थिति उत्पन्न हो गयी। ऐसी परिस्थितियों में कोई भी साधारण मनुष्य हार मान लेता, किन्तु माँ ने विपत्तियों को भी सहज रूप में स्वीकार किया। उनके लिए विपत्तियाँ भी सामान्य जीवन का अनिवार्य अंग थीं।

उनकी इन कठिनाइयों का उल्लेख पीछे प्रसंगानुसार कई स्थलों पर हो चुका है। जब भी माँ को आवश्यकता हुई, साधन जुटते गये।

माँ ने कहा था, "पहले मेरे पल्ले में केवल पाँच सौ रुपये थे, किन्तु जब जनसाधारण को हमारे कार्य के विषय में ज्ञात हुआ तो रुपये-पैसे, सारा सामान देकर हमारी सहायता करने लगे। यह सब ईश्वर की ही दया थी। पहले दिन से ही हमें किसी के आगे पैसों के लिए हाथ नहीं फैलाना पड़ा। हमारी आवश्यकता के अनुसार रुपये आते रहे।"

माँ को ईश्वर की इस कृपा का जीवन में कई बार अनुभव हुआ। सन् 1962 में माँ को आगरा से मिशनरीज का एक तार प्राप्त हुआ। मिशनरीज़ वहाँ एक शिशु भवन बनाना चाहते थे, जिसमें रुपयों की आवश्यकता थी। इस तार द्वारा माँ से पचास हजार रुपयों की व्यवस्था करने का अनुरोध किया गया था।

माँ के सामने गम्भीर समस्या आ खड़ी हुई। वह इस कार्य में सहायता देना अपना कर्तव्य समझ रही थीं, किन्तु माँ के पास उस समय पैसा नहीं था।

एक ओर एक पावन कार्य, दूसरी ओर अर्थाभाव की विवशता।

माँ क्या करतीं! उन्होंने दुःखी हृदय से आगरा के मिशनरीज को अपनी विवशता के विषय में सूचित कर दिया।

इसका उन्हें भारी दुःख था। यों ही बैठी हुई माँ इसी विषय में चिन्तित थीं कि तभी फोन की घन्टी बज उठी। माँ ने फोन उठाया। किसी परिचित भद्रपुरुष ने उन्हें सूचना दी—"फिलीपाइन सरकार ने आपको मैगसेसे पुरस्कार देने का निर्णय लिया है, जिसके साथ पचास हजार रुपये भी दिये जाएंगे।"

सूचना मिलते ही माँ हँसती हुई बोलीं, "लगता है, भगवान् आगरा में शिशु भवन बनवाना चाहते हैं।"

माँ को इस सूचना से प्रसन्नता अवश्य हुई, किन्तु यह प्रसन्नता एक सामान्य मनुष्य की तरह स्वार्थ-प्रेरित प्रसन्नता नहीं थी। यह एक निश्च्छल, निःस्वार्थ हँसी थी, एक सात्विक आनन्दजन्य प्रसन्नता थीं।

माँ इस प्रकार की समस्त उपलब्धियों का श्रेय भगवान को देती थीं।

लोग भले ही इसे एक संयोगमात्र कहें, किन्तु माँ की दृष्टि में यह ईश्वर की ही कृपा थी। यही क्या, माँ प्रत्येक क्षण में घटित घटनाओं में परमात्मा का ही सन्देश सुनती थी।

माँ का यह भी मानना था कि आरम्भ में उन्हें अपने कार्य में अवश्य कठिनाइयों का सामना करना पड़ा। इसमें कुछ कष्ट भी हुआ, किन्तु दुःख सदा रहेगा। माँ दुःख को सुख का पूरक मानती थीं।

दुःख-सुख का पूरक है, इस प्रकार के उच्च विचार, दुःख में भी सुख की भावना करना किसी लोकोत्तर व्यक्तित्व के लिए ही सम्भव है।

दूसरे के दुःख को अपना दुःख समझना और उस दुःख में भगवान को देखना, इस स्तर तक पहुँचने के लिए, ऐसी अनुभूति के स्तर तक पहुँचने के लिए मनुष्य को माँ टेरेसा के समान निःस्पृह योगी बनना होगा।

माँ प्रत्येक रोगी, क्षुधाकुल, पीड़ित, दीन, हीन को अपना भाई समझती थीं। किसी को दुःखी देखकर साधनों के अभाव में भी माँ का विशाल हृदय उसे अपना लेता था।

ईश्वर के प्रति इसी अगाध आस्था के कारण माँ कहती थीं, "रुपये से बढ़कर है—मनुष्य को कार्य के प्रति प्रेरित करना। किसी को यह समझाना कठिन है कि वृद्ध,

रोगी, भूखे, दुर्बल सभी हमारे भाई हैं।''

महापुरुष के संसर्ग में आने पर ही कोई व्यक्ति इन शिक्षाओं को आत्मसात् कर सकता है, अन्यथा सिद्धान्त रूप में कोई भी व्यक्ति इन शिक्षाओं को भले ही स्वीकार कर ले, किन्तु क्रियात्मक रूप में वह इन्हें नहीं अपना सकता।

किसी भी विषय पर लम्बा-चौड़ा व्याख्यान देना कोई कठिन कार्य नहीं है। हमारे राजनेता नित्य-प्रति अनेक विषयों पर इसी प्रकार के भाषण देते रहते हैं।

किन्तु माँ बोलने पर नहीं, कार्य करने पर विश्वास करती थीं। अधिक बोलना व्यक्ति की किसी दुर्बलता को ही सूचित करता है।

यही अन्तर था एक राजनेता और माँ टेरेसा में।

सत्ता प्राप्त राजनेताओं के पीछे-पीछे चलने वाले लोगों को उनका सच्चा प्रशंसक नहीं कहा जा सकता, वे स्वार्थवश ही यह सब करते हैं। उनके द्वारा की गयी प्रशंसा अपनी कार्य सिद्धि का एक साधन मात्र होती है।

माँ किसी पद पर आसीन नहीं थीं, फिर भी विश्व भर में उनके अनेक भक्त हैं। उन लोगों की माँ के प्रति यह भक्ति किसी स्वार्थ के कारण नहीं है। यह भक्ति, यह श्रद्धा एक सच्चे मानव की उदात्त मानवता के प्रति अपनी कृतज्ञता का ज्ञापन है।

विश्व में मानवता की, महानता की, मानवोचित गुणों की, लोकोत्तर व्यक्तियों की सदा से पूजा होती आयी है। माँ के प्रति विश्व मानव समुदाय का श्रद्धाभाव भी इसी भावना का परिचायक है।

माँ के व्यक्तित्व से बंगाल के पूर्व मुख्यमन्त्री डॉ. विधानचन्द्र राय भी श्रद्धानत थे। माँ जब चाहतीं, बिना कोई सूचना दिये उनसे मिलने उनके कार्यालय अथवा आवास में चली जाती थीं।

डॉ. विधानचन्द्र राय जानते थे कि माँ निःस्वार्थ सेवा की प्रतिमूर्ति हैं। एक बार उन्होंने माँ से कहा भी, ''लोग तो सरकार से रुपये लेकर उनका दुरुपयोग कर डालते हैं। आप अपने आश्रमों के संचालन के लिए जितनी आवश्यकता हो, ले जाइए। आप उनका संचालन अपनी इच्छा के अनुसार कीजिए। आपको हिसाब-किताब के विषय में सूचित करने की भी कोई आवश्यकता नहीं। मुझे आप पर पूर्ण विश्वास है।''

डॉ. राय माँ की सेवा भावना से कितने अभिभूत थे, इसका परिचय एक घटना से लगाया जा सकता है। उनके अस्सीवें जन्मदिवस पर एक पत्रकार ने उनसे पूछा, ''आज का दिन आपको कैसा लग रहा है?''

डॉ. राय का उत्तर था, ''अच्छा ही लग रहा है, क्योंकि राइटर्स की सीढ़ियां चढ़ते-चढ़ते आज मुझे सहसा माँ टेरेसा का स्मरण हो आया, जिन्होंने अपना समग्र जीवन दरिद्रनारायण की सेवा में समर्पित कर दिया है।''

माँ के जीवन में कई बार ऐसे क्षण आये, जिन्हें माँ पूरी तरह ईश्वर की कृपा

मानती थीं। ऊपर, आगरा के मिशनरीज द्वारा भेजे गये तार के प्रसंग में एक घटना का उल्लेख हो चुका है। ऐसी ही एक अन्य घटना भी उल्लेखनीय है। एक बार शीतकाल में माँ के पास रज़ाइयाँ कम पड़ गयीं। रज़ाइयों के लिए गिलाफ आ गये थे, किन्तु रुई की व्यवस्था नहीं हो पा रही थी। माँ ने अपना तकिया एक ओर से फाड़ लिया। वह रजाई बनवाने के लिए उससे रुई निकालना ही चाहती थीं कि घण्टी बज उठी, कोई दरवाज़े के बाहर खड़ा था।

दरवाजा खोला, तो एक भद्र पुरुष अन्दर आया। वह विदेश जा रहा था, उसके पास कम्बल, दरी, रज़ाइयाँ आदि बिस्तर प्रायः नया ही था। वह इसे माँ को देना चाहता था।

माँ की समस्या का समाधान हो गया।

साधारण मनुष्य इन घटनाओं को एक संयोगमात्र कहेंगे, किन्तु माँ इन्हें संयोग न मानकर ईश्वरीय कृपा मानती थीं।

समय-समय पर अनेक महापुरुष हुए हैं, जिन्होंने प्रेम, दया, करुणा, सहानुभूति आदि के आदर्श स्थापित किये।

महर्षि दधीचि ने देवताओं को अपना शरीर ही दे दिया, जिससे उनकी हड्डियाँ देवताओं को प्राप्त हो सकें। देवताओं ने उनकी हड्डियों से वज्र बनाकर वृत्रासुर का वध किया। दधीचि का यह कार्य समष्टि के हित के लिए व्यष्टि के बलिदान का एक अनुपम आदर्श है।

शरणागत कपोत के प्राणों की रक्षा के लिए राजा शिवि ने बाज को अपना मांस देना स्वीकार कर लिया और काट-काट कर कपोत के भार के बराबर अपना मांस तराजू के पलड़े में रखने लगे। अन्ततः उन्हें स्वयं पलड़े में बैठना पड़ा।

राजा शिवि का यह कार्य शरणागत की जीवन रक्षा के लिए आत्मबलिदान का एक विरल उदाहरण है।

महाराज रन्तिदेव कई दिन के भूखे थे। अन्त में भोजन मिला। वह भोजन करना ही चाहते थे कि एक-एक कर तीन भूखे-प्यासे याचक वहाँ आ पहुँचे। महाराज ने धीरे-धीरे अपने सम्मुख रखे समस्त भोजन का दान कर दिया, यहाँ तक कि पीने के लिए एक घूंट पानी भी न बचा।

रन्तिदेव का यह कार्य परदुःख कातरता का एक प्रशंसनीय एवं सराहनीय उदाहरण है।

माँ के जीवन में ये तीनों गुण एक साथ देखे जा सकते थे। उन्होंने दीन-दुखियों के उद्धार के लिए अपने व्यक्तिगत सुखों का बलिदान कर दिया था।

माँ के आश्रमों में जाकर कोई भी व्यक्ति निराश होकर वापस नहीं लौटता।

माँ के जीवन पर एक विहंगम दृष्टि डालते ही स्पष्ट हो जाता है कि माँ अपनी सन्तानों का कष्ट दूर करने के लिए स्वयं कष्टों का सामना करने से कभी पीछे नहीं हटी थीं।

उनमें हिमालय जैसी अटलता और सागर जैसी गम्भीरता तथा विशालता थी। वह कभी यह विचार नहीं करती थीं कि उनके पास कितने साधन हैं और इनसे वह कितनों का कल्याण कर सकती हैं।

वह केवल सेवा करना जानती थीं, कर्म करना जानती थीं। यही उनकी पूजा-उपासना थी, इसी में उन्हें प्रभु के दर्शन होते थे।

माँ की गोद प्रत्येक के लिए खुली थी, दु:खी, दरिद्र, रोगी, निराश्रित, परित्यक्त चाहे जो भी हो। यह सत्य है कि माँ अपनी इन सन्तानों को कोई उत्तम, स्वादिष्ट भोजन तो नहीं दे सकती थीं, फिर भी वहाँ नमक-भात तो सभी को मिल ही जाता है। यह खाना भले ही रूखा-सूखा हो, किन्तु माँ की ममता से अभिषिक्त होने के कारण माँ की सन्तानें इसे प्रसाद के रूप में ग्रहण करती हैं।

दाता के दान में दान की मात्रा, उसकी श्रेणी आदि के साथ ही दाता की मनोभावना का विशेष महत्व होता है।

श्रद्धा-सहानुभूति, प्रेम-अपनत्व के साथ दिया गया साधारण भोजन भी मनुष्य को अपूर्व सन्तुष्टि देता है, किन्तु अपमान-उपेक्षा, तिरस्कार-दुत्कार के साथ दिया गया उच्च स्तरीय भोजन भी मनुष्य को अरुचिकर ही प्रतीत होगा।

□□

आर्थिक समस्या के साथ ही आरम्भ में माँ के पास सहयोगियों की भी कमी थी, किन्तु ज्यों-ज्यों कार्य प्रगति करता गया, उन्हें सहयोगी-सहायक मिलते गये। प्रारम्भ में माँ को ही समस्त कार्य करना पड़ता था, किन्तु शनै:-शनै: लोगों ने माँ के कार्य के महत्व को समझा और उसमें सहयोग देने लगे, केवल आर्थिक सहायता ही नहीं, क्रियात्मक सहायता भी।

इस विद्यालय की स्थापना के दूसरे दिन एक सज्जन ने एक मेज़ और एक कुर्सी उनके लिए भेज दी।

सर्वथा सन्तोष। जनसामान्य दरिद्रनारायण के लिए जो कुछ दे दे, ग्रहण कर लेना चाहिए। इसे ग्रहण करने में किसी प्रकार का संकोच अथवा कुण्ठा नहीं होनी चाहिए।

माँ के इस कार्य से सहसा हमारा ध्यान महामना मदनमोहन मालवीय की ओर जाता है, जिन्होंने विद्या के महामन्दिर बनारस हिन्दू विश्वविद्यालय की स्थापना के लिए एक पैसा भी दान में लिया था। उन्हीं के विषय में कहा गया था—'शरीर इनका बौने का और आशाएँ आसमान चूमती हैं।'

प्रारम्भ में माँ को अनेक कठिनाइयों का सामना करना पड़ा, किन्तु समय आया, इन कठिनाइयों ने विदा ले ली। आज आचार्य जगदीश बसु रोड पर एक बहुत बड़ा भवन है, जहाँ लोग रहते हैं। यहाँ माँ की सहयोगिन सिस्टर्स खेल सकती हैं, अपना मनोरंजन कर सकती हैं और घूम सकती हैं।

यह सब एक दीर्घकालीन तपस्या का ही परिणाम है। इस लक्ष्य पर पहुँचने के लिए माँ को कई सोपान पार करने पड़े। वह समय बड़े कष्ट का था, किन्तु अब वह बात नहीं रही। तब प्रात:काल घण्टा बजने पर सब बाहर निकल जाते, फिर प्रार्थना करते और पढ़ना-लिखना भी पड़ता। कार्य में जुट जाने पर पूरे दिन विराम-विश्राम का अवसर ही नहीं मिलता।

इसी तपस्या के परिणामस्वरूप माँ के कार्य कई रूप में विश्व के सामने आए। इनमें ममता का प्रतीक निर्मल शिशु भवन, करुणा का पर्याय निर्मल हृदय, मुमूर्षु आश्रम, रैन बसेरा, प्रेमदान केन्द्र आदि की गणना की जा सकती है।

माँ सचमुच महान् थीं। उन्होंने विश्व के सामने एक ऐसा आदर्श प्रस्तुत किया है, जिसकी साधारण लोगों से कदापि अपेक्षा नहीं की जा सकती। केवल अपनी अदम्य इच्छाशक्ति से उन्होंने असम्भव प्रतीत होने वाले कार्य को भी सम्भव कर दिखाया।

□□

पहले दिन केवल तीन छात्राओं से आरम्भ हुआ यह विद्यामन्दिर। दूसरे दिन से यह संख्या बढ़ने लगी। माँ के साथ उनकी तीन पूर्व सहयोगी अध्यापिकाएँ इस कार्य में सहयोग देने आयी थीं।

प्रारम्भ में विद्यार्थियों को कदाचित् पुस्तकें आदि भी देना सम्भव न था। फिर भी अक्षरबोध का कार्य बिना किसी प्रकार के प्रचार के चलता रहा।

माँ का कहना था कि प्रारम्भ में इस कार्य में उन्हें कठिनाइयों का सामना अवश्य करना पड़ा। उस समय उनके पास था ही क्या? केवल पाँच सौ रुपये लेकर वह महान् साधना के लिए निकल पड़ी थीं। उस समय उन्हें सहृदय दाताओं ने जो भी दान दिया, चाहे वह कोई तुच्छ-सी वस्तु ही क्यों न हों, माँ ने सहर्ष उसे स्वीकार किया।

वस्तुत: सुख-दुख, लाभ-हानि में समभाव ही कर्मयोगी की विशेषता है। माँ के ही अनथक प्रयत्नों का परिणाम या उनकी निरन्तर साधना का ही फल है कि आज मिशनरीज ऑफ चैरिटीज प्राय: एक सौ विद्यामन्दिरों के माध्यम से विद्या का आलोक विकीर्ण कर रही है, जिनमें शिक्षक अवैतनिक कार्य करते हैं।

वस्तुत: निर्धनता का परिहार और शिक्षा का प्रचार दोनों कार्य परस्पर पूरक हैं।

माँ दरिद्रनारायणों को अक्षरबोध से शिक्षा देती थीं। उनके विद्यामन्दिर का शुभारम्भ इसी प्रकार हुआ। वहाँ धर्म की शिक्षा न देकर कर्म की शिक्षा दी जाती है।

इन विद्यार्थियों में बारह से बाईस-तेईस वर्ष की अवस्था वाले छात्र-छात्राएँ होते हैं, क्योंकि ये छात्र समाज के ऐसे वर्ग से आते हैं, जहाँ शिक्षा प्राप्त करना न तो सरल है और न सुलभ ही। इनमें अनेक ऐसे भी होते हैं, जिन्होंने प्राथमिक पाठशाला के भी दर्शन नहीं किये। इनमें कुछ ऐसे भी होते हैं, जिन्हें चाहने पर भी स्कूलों में प्रवेश के स्थान पर दुत्कार मिली।

माँ ने उन्हें अक्षर बोध कराया, उन्हें ज्ञान की ज्योति दिखायी।

माँ की दृष्टि में सभी धर्म समान थे। वह सभी को प्रभु के रूप में ही देखती थीं। भेद दृष्टि अज्ञान की परिचायक है, योगी समदर्शी होते हैं, संन्यासी, मनीषी होते हैं।

विद्यार्थियों को शिक्षा से पहले स्वास्थ्य के विषय में कुछ बताया जाता है। अपने हाथ से क्रियात्मक रूप में उन्हें स्वच्छता आदि के महत्त्व से परिचित कराया जाता है।

माँ की सबसे बड़ी विशेषता थी, धर्म के प्रचार से पृथक् रहना। वह अपने किसी भी विद्यार्थी को कैथोलिक मत की दीक्षा नहीं देती थीं। यह उनका कार्य नहीं था।

ईश्वर और धर्म दो भिन्न चीज़ें हैं। माँ मनुष्य को ईश्वर का ज्ञान कराती थीं। इस विषय में उनका कहना था, ''मेरा कार्य मनुष्य को ईश्वर की ओर ले जाना है। इसके लिए आवश्यक कार्य सेवा करना है।''

''यदि प्रभु की कृपा से उनकी किसी सन्तान की सेवा कर सको, तो तुम धन्य हो जाओगे। स्वयं को कोई महत्त्व न दो, तुम धन्य हो कि तुम्हें सेवा क। अधिकार मिला है, औरों को नहीं मिला।''

यही सेवा भावना माँ के जीवन का आदर्श था। वह मनुष्य को केवल मनुष्य के रूप में देखती थीं। धर्म और जाति पर विचार करना उनके लिए निरर्थक था।

यही माँ की सच्ची धार्मिकता थी। एक सच्चा धार्मिक संकीर्ण साम्प्रदायिकता से ऊपर होता है। इसके लिए धर्म जोड़ने की वस्तु होती है, न कि तोड़ने की।

माँ की यही धर्मपरायणता उन्हें यूगोस्लाविया से भारत खींच लायी थी। दीन-दु:खियों की सेवा, दलितों, निराश्रयों, अनाथों को आश्रय, रोगियों-पीड़ितों का उपचार, यही माँ का धर्म था। माँ प्रभु यीशु की सच्ची शिष्या थीं। वह प्रत्येक अनाथ में, निराश्रित में, दु:खी में, पीड़ित में उनके उपचार, सेवा सुश्रूषा में प्रभु यीशु को ही देखती थीं।

अपने कार्य के शुभारम्भ के समय माँ की अवस्था केवल 35 वर्ष थी। उनका यह प्रथम कार्य विद्या के आलोक का प्रसार था।

प्रारम्भ में विद्या मन्दिर खुला। दलित वर्ग में विद्या का प्रसार होने लगा। माँ का एक सामान्य नियम यह था कि मिशनरीज ऑफ चैरिटीज की कोई भी बहिन अकेली बाहर न जाती। किसी भी काम के लिए जाने पर दो बहिनें साथ जातीं। जब कभी सभी बहिनें कार्य के लिए निकल पड़तीं और माँ अकेली रह जातीं तथा उन्हें भी किसी कार्य के लिए बाहर जाना होता, तब माँ माइकल गोमेज़ की पुत्री या उस परिवार की किसी अन्य महिला को साथ ले जातीं।

प्रात: आठ बजे निकलने पर लगभग बारह-एक बजे तक लौटना होता। कभी इससे भी अधिक विलम्ब हो जाता। एक दिन माँ को लौटने में काफी देर हो गयी। माँ न लौटीं, तो माइकल गोमेज की पत्नी को बड़ी चिन्ता हुई। जब माँ लौटकर

घर पहुँचीं, तो पूरी तरह भीग गयी थीं।

परदु:ख कातर माँ को अपने भीगने की कोई चिन्ता न थी। पहुँचते ही कहने लगीं, "बेचारी लड़कियाँ भीग गयी हैं।"

श्रीमती माइकल गोमेज़ ने जब उनका ध्यान उनके भीगने की ओर आकृष्ट किया, तो माँ बोल उठीं, "आज बस्ती में मैंने जो कुछ देखा, उसकी तुलना में यह भीगना कुछ भी नहीं है।"

अपनी देखी हुई हृदय द्रावक घटना का वर्णन करते हुए माँ ने बताया–"बस्ती के टूटे-फूटे एक कमरे में एक महिला खड़ी थी, कमरे में घुटनों तक पानी भरा हुआ था। महिला अपने बेटे को कन्धे पर लिये हुए थी, जो बुख़ार से तप रहा था। बेटे को बचाने के लिए माँ ने उसके सिर पर एक बर्तन छाते की तरह तान रखा था। इस सबका कारण यह था कि वह महिला उस कमरे का दो महीने का किराया नहीं दे पायी थी। इसलिए कमरे के मालिक ने कमरे की छत तोड़कर महिला को निकाल दिया था।"

इतना सब बताने के बाद माँ पुन: बोलीं, "देखो, मैं अभी उस बस्ती में जा रही हूँ। केवल आठ रुपयों के लिए बेचारा मासूम बच्चा भीषण बुख़ार में भीगकर चल न बसे।"

ऐसी घटनाओं की कोई सूची नहीं है। अत: इन घटनाओं ने माँ के करुणामय हृदय को उद्वेलित करके रख दिया। इसी प्रकार की एक अन्य घटना भी उल्लेखनीय है। एक दिन कुछ बहिनें एक बच्चे को माँ के पास लायीं। बच्चा पेट दर्द से तिलमिला रहा था। बहिनों ने बताया कि 'बाहर पड़ा सड़ा-गला खाना खाने से उसे पेट दर्द हो रहा है।'

माँ इस घटना से द्रवित हो उठीं। वह बच्चे के आगे बैठ गयीं और उससे पूछा कि उसे क्या खिलाया था। माँ की ममतामयी वाणी सुनकर बच्चा रोने लगा, किन्तु वह मूक होकर रो रहा था, नि:शब्द रुदन। बच्चे ने बताया कि पिछली दो सुबहों से उसके पेट में एक दाना भी नहीं गया था। दो दिन से वह पूरी तरह भूखा था, इसलिए उसकी आंतें कुलबुलाने लगी थीं। यही उसके पेट दर्द का कारण था।

पहले, घर का प्राय: सभी कार्य माँ स्वयं ही करती थीं। काम करते-करते वह थक जातीं, किन्तु थमने का नाम न लेतीं। बहुधा सहयोगी बहिनों को उन्हें सोने के लिए मनाना पड़ता था।

अपने संघर्ष काल में माँ को अत्यन्त परिश्रम करना पड़ता, किन्तु शरीर के थक कर चकनाचूर हो जाने पर भी उन्होंने थकान के सामने कभी हार न मानी। थकान शरीर की नहीं, मन की होती है। इसीलिए माँ ने हार नहीं मानी। उनकी इच्छाशक्ति अदम्य-अटल थी, हिमालय की तरह।

इन्हीं संघर्षों के परिणामस्वरूप आज माँ की ममता अनेक रूप में अनेक स्थानों पर मानवता की सेवा कर रही है। इस कार्य में उनकी सहयोगी बहिनों का योगदान

भी अविस्मरणीय रहेगा। वे सभी बिना कुछ कहे, प्रचार से दूर रहकर कर्मरत रहती हैं।

कर्मयोगी कार्य करता है। उसे कर्मण्यता में विश्वास होता है। प्रचार-प्रशंसा जैसी चीज़ों का उसकी दृष्टि में कोई महत्त्व नहीं होता, 'चरैवेति-चरैवेति' ही उसके जीवन का मूलमन्त्र होता है। इसीलिए माँ सफलता के उन्नत शिखर पर पहुँच पायी थीं।

माँ पहले अपने दम पर कार्य क्षेत्र में प्रवृत्त हुई। सर्वथा अकेली—"एकला चलो रे" का सिद्धान्त सामने रखकर।

कुछ ही दिनों बाद सेवाभाव-परायण युवतियाँ स्वेच्छा से माँ के पास आने लगीं। जहाँ चाह होती है, राह स्वत: मिल जाती है। सर्वप्रथम 19 मार्च सन् 1949 के दिन एक बंगाली युवती सिस्टर अग्नेस ने माँ की सहयोगिनी के रूप में अपने को प्रस्तुत किया। इसके बाद ही वह सिस्टर अग्नेस बनीं। पहले उनका नाम सुभाषिणी दास था, जो माँ की छात्रा रह चुकी थीं।

इसके बाद एक वर्ष के अन्तर्गत कई बंगाली युवतियाँ माँ के पास आयीं और उनके पावन कार्य में हांथ बटाने लगीं। इनमें अधिकतर माँ की पूर्व छात्राएँ थीं। उनकी इन पूर्व छात्राओं में किरण दत्त, रोजारियो, गोमेज़ परिवार की पुत्रियों आदि के नाम लिये जा सकते हैं। किरण दत्त सिस्टर क्लेयर बनीं। रोजारियो का नया नाम सिस्टर बर्नार्ड हुआ। गोमेज परिवार की माँ की दो पूर्व छात्राएँ डोरोथी फ्रान्सिस तथा सिस्टर गर्ड्रुज बन गयीं। माइकल गोमेज़ की भांजी को सिस्टर लेरीसिया का नया नाम मिला। एक अन्य छात्रा रोजारियो सिस्टर फ्रान्सिस्का हो गयी। गोमेज परिवार से ही दो अन्य युवतियाँ भी माँ की सहयोगी सिस्टर फ्लोरेंस विसेण्ट और सिस्टर मार्गरेट मेरी बनीं।

इस समय मिशनरीज़ आफ चैरिटीज़ में एक हज़ार से अधिक बहनें सेवा धर्म का पालन कर रही हैं, जिनमें कई सौ प्राय: प्रौढ़ अवस्था में पहुँच गयी हैं। अधिकतर बहिनें युवा अवस्था की होती हैं। वरिष्ठ सिस्टर उनके मन को पवित्र करना भी अपना कर्तव्य समझती हैं।

□□

प्रारम्भ में माँ अकेली थीं, इसके बाद सिस्टर अग्नेस ने उनका शिष्यत्व ग्रहण किया। इस प्रकार उनकी शिष्य-संख्या में निरन्तर वृद्धि होती गयी। बहिनें ही नहीं अनेक भाई भी उनकी संस्था के लिए कार्य कर रहे हैं।

संन्यासी का जीवन फूलों की सेज नहीं, कठोर साधना का जीवन है। 'जो घर बारै आपनो, चले हमारे संग।' इस सिद्धान्त को अपने सामने रखने वाले कर्मयोगी ही माँ के पथ के अनुयायी बनने का विचार कर सकते हैं। माँ कभी किसी को इस मार्ग पर चलने के लिए बाध्य नहीं करती थीं।

माँ द्वारा संचालित संस्थाओं में भी सहयोगी सर्वथा स्वार्थरहित भावना के बिना किसी कुण्ठा के कार्य करते हैं। वहाँ न किसी में वरिष्ठता या बड़प्पन की भावना

है, न किसी प्रकार का ईर्ष्याभाव ही। सभी समान हैं, किसी को भी कोई विशेष अधिकार प्राप्त नहीं है। कोई भी न तो अधिकार प्राप्त करना चाहता है, न सुख-सुविधा ही। कमरों की सफाई, पोंछा लगाना, बर्तन धोना आदि कार्य सभी करते हैं। सभी इन कार्यों को अपना पुनीत कर्तव्य समझते हैं।

प्रारम्भ में पांच-छः युवतियाँ ही माँ के कार्य में सहयोग देने के लिए आगे बढ़ीं, जो सभी बंगाल की थीं। इसके बाद अन्य प्रान्तों से भी युवतियों का आना प्रारम्भ हुआ। मानवता की सेवा के लिए, संन्यास धर्म की दीक्षा लेने के लिए कुछ ही वर्षों में यह संख्या हज़ार से ऊपर पहुँच गयी।

आज महानगरी कलकत्ता में यत्र-तत्र ये बहिनें दिखायी देती हैं। नीले किनारे की सफेद धोती पहने हुए। धोती पहनने की भी एक सहज सौम्य ग्रामीण भारतीय महिला की जैसी शैली। घूँघट न सही, समस्त केशराशि को ढकती हुई धोती, पूरी बाँहों का ऊपरी वस्त्र। सन् 1952 तक माँ की केवल बारह सहयोगी बहिनें थीं, किन्तु आज!

इन बहिनों को कमरों की सफाई, कपड़े धोना, पानी लाना, रोगियों की सेवा, शिशु भवन के बच्चों की देख-रेख, बस्तियों में जाकर निर्धनों की सेवा आदि सभी कार्य करने होते हैं।

कर्मयोग और साधना का एक अद्‌भुत उदाहरण है इन बहिनों का जीवन। माँ के कार्य उनके आदर्श हैं।

अपने लिए सुखों का वहाँ कोई विचार भी नहीं करता। उन्हें सेवा करने में ही सच्चा सुख मिलता है। दिन में नौ-दस बजे के आस-पास आचार्य जगदीश बसु रोड स्थित 'मिशनरीज़ ऑफ चैरिटीज़' पहुँचने पर वहाँ सिस्टर्ज सफाई करती हुई दिखायी देती हैं, कूड़े के डिब्बों को उठाकर नगर निगम के कूड़ाघर में फेंकती हैं। यह उनकी नित्य की दिनचर्या का अनिवार्य अंग है।

माँ का जीवन भी अत्यन्त साधारण था, न कोई सुख न सुविधा। उनके सोने-लेटने के लिए एक छोटा-सा लकड़ी का चौकीनुमा तख्ता। उसपर एक पतला-सा गद्‌दा तथा एक साधारण-सी चादर।

□□

इन बहिनों के साथ भोजन के लिए जाना माँ को अत्यन्त प्रिय लगता था। यही नहीं यदि कोई धार्मिक सिनेमा लगा हो, तो माँ इन बहिनों की टोली के साथ सिनेमा देखने भी जाती थीं। ऐसी फ़िल्म लगने पर माँ इन बहिनों के लिए टिकटों का प्रबन्ध भी करती थीं, बिना पैसे दिये।

इतना सब होने पर भी ये सभी बहिनें सेवा को सर्वोपरि धर्म मानती हैं। समस्त सुखों का परित्याग कर दरिद्रता का वरण करना हर किसी के वश की बात नहीं है। वे अपना सर्वस्व प्रभु के चरणों में समर्पित कर देती हैं। इसे ही वे अपने जीवन की सार्थकता समझती हैं।

□□

कोई भी युवती यदि माँ के साथ कार्य करना चाहती थी, तो माँ उसे निराश नहीं करती थीं। ऐसी नवागन्तुकाओं को छः मास तक पुरानी बहिनों के साथ काम सीखना पड़ता है, जिससे वे स्वयं यह समझ सकें कि वे जो कुछ कर रही हैं, ईश्वर के लिए कर रही हैं अथवा ईश्वर ही उनसे यह सब करवा रहा है। इस अवधि में इन प्रशिक्षु युवतियों की कार्य के प्रति भावना की भी परीक्षा ली जाती है।

इसके बाद अगले छः मास तक उन्हें आध्यात्मिक जीवन की प्रारम्भिक शिक्षा लेनी पड़ती है। इस शिक्षा की समाप्ति के पश्चात् दो वर्षों तक धर्म-सम्प्रदाय का प्रशिक्षण लेना पड़ता है। इस प्रशिक्षण में प्रशिक्षु को कष्टों की साधना भी करायी जाती है। उन्हें मिशनरीज़ ऑफ चैरिटीज़ के नियमों और अनुशासन का भी ज्ञान कराया जाता है। इस ज्ञान के पीछे यही उद्देश्य निहित है कि बहिनें अपने जीवन, शरीर और मन से जिस सेवा का संकल्प ले रही हैं, उसके उद्देश्यों से वे भलीभांति परिचित हो जाएँ।

इन उद्देश्यों को स्पष्ट करने के लिए माँ के निम्नलिखित शब्द उद्धृत किए जा रहे हैं—

''सिस्टर्स वही देना चाहती हैं। वे सब-कुछ समर्पित कर भगवान् को प्राप्त करना चाहती हैं। वे यह भलीभांति जानती हैं कि प्रभु यीशु कभी भूखे, कभी निराश्रय, कभी नंगे, अनेक प्रकार के रूपों में हमारे सामने आते हैं। हम इसी प्रकार यीशु की सेवा करती हैं, उन्हें प्यार करती हैं। बहिनें भी इसे अच्छी तरह समझती हैं। इसीलिए वे प्रसन्न हैं। वे इतने समय तक जिस वस्तु को खोजती रही थीं, वह उनकी मुट्ठी में आ जाने से वे प्रसन्न हैं। यह सब तो अनुभव करने की वस्तु है। बलपूर्वक अथवा रुपयों-पैसों से वह प्रसन्नता प्राप्त नहीं होती। यह तो हृदय की गहराइयों से आती है।''

''यदि हम कार्य को अपने धर्म की आँखों से देखें तो स्वाभाविक रूप में यही लगता है कि हम कुछ भी नहीं कर सकेंगे, किन्तु जब हम इसे यीशु का काम समझ लेंगे तो फिर कोई बाधा रुकावट नहीं लगेगी और यही कारण है कि यह कार्य सम्भव हुआ है। हम इस विषय में निश्चिन्त हैं, क्योंकि यीशु ही हमसे सब कार्य करवा लेते हैं। गरीबों के लिए जो कुछ होता है, सब उन्हीं (यीशु) की इच्छा से सम्पन्न होता है।''

''सब यीशु के पास से ही आता है। इसे (प्रार्थना) को छोड़कर हम कुछ नहीं कर सकते। यीशु की मूर्ति के समक्ष घुटने टेककर प्रार्थना करते समय हम गरीबों के दु:ख और कष्टों की तस्वीर देख सकते हैं। सब-कुछ हमारे मन:पटल पर साकार हो उठता है और वहाँ बैठकर हमें यह अनुभव होता है कि यह दु:ख, यह कष्ट ही महत्तर प्रेम के राज में प्रवेश करने का श्रेष्ठ मार्ग है।''

''विश्वास नामक वस्तु भगवान् की देन है। इसके अभाव में जीवन चल ही नहीं सकता। भगवान् को समर्पित कार्य तभी सार्थक होगा, जब सब कुछ गहरे विश्वास से उत्पन्न होगा। क्यों? यीशु ने ही तो कहा है, 'मैं भूख से व्याकुल हूँ, मैं रोगी हूँ, मैं नंगा हूँ और मैं बेघर-आश्रयविहीन हूँ। तुम मुझे ऐसा ही समझ कर मेरी सेवा करो।' इन सब बातों को दृष्टि में रखकर हमें अपना मार्ग तय करना होगा।''

''अविश्वास के कारण अधिकतर लोग स्वार्थ परायणता और व्यक्तिगत लाभ-हानि को लेकर स्वयं में ही मग्न हैं। कुण्ठारहित प्रेम का दान किये बिना विश्वास का जन्म नहीं होता। प्रेम और विश्वास परस्पर पर्यायवाची न होने पर भी इन दोनों की गति एक ही है। ये परस्पर एक-दूसरे के पूरक हैं।

''लोगों से मिलना-जुलना होगा, उन्हें समझाना होगा कि मनुष्य में ही ईश्वर विद्यमान है। उसी 'सीमा के अन्दर' असीम की तरह सर्वशक्तिमान ईश्वर मनुष्य में ही नये-नये रूपों में प्रकाशित होता है। हम यीशु को देख नहीं सकते। हम उन्हें अपने प्यार का परिचय प्रत्यक्ष रूप में नहीं दे सकते, किन्तु हम अपने पड़ोसियों को सदा देख सकते हैं। यीशु को देखकर हम जो कुछ करते, हम अपने पड़ोसियों को उसी यीशु का रूप समझकर उन गरीब पड़ोसियों के लिए वही कर सकते हैं।

''इस सेवा के कार्य में पग-पग पर कठिनाइयों की आशंका रहती है। हमें एक बात सदा याद रखनी होगी कि हम जो कुछ भी करें, उन सबके लिए करें। हर बस्ती में, पुरानी झोपड़ियों में, भूखे, तिरस्कृत जो समय व्यतीत कर रहे हैं, वे सब हमारी ही तरह सुख-दुःख से बने हुए मनुष्य हैं, इस तथ्य को हम कभी न भूलें। गरीब की अपेक्षा करने में अपने 'अहं' की अभिव्यक्ति के अतिरिक्त अन्य कोई बात नहीं है। यदि सभी लोग गरीबों के प्रति अपने कर्तव्यों का पालन करें, तो विश्व का स्वरूप ही दूसरा हो जायेगा।''

□□

माँ की इसी सतत् साधना का परिणाम है कि आज कलकत्ता में कालीघाट, दमदम, तिलजला, शान्तिनगर, आसनसोल, टीटागढ़ के साथ ही दिल्ली, बम्बई, आगरा, रांची, अम्बाला, झांसी, अमरावती, भागलपुर, रायगढ़ आदि स्थानों पर मिशनरीज़ ऑफ चैरिटीज़ के प्राय: 60-65 प्रतिष्ठान दीन-दुखियों की सेवा कर रहे हैं।

भारत ही नहीं, विदेशों में भी इसके अधीन प्रतिष्ठान कार्यरत हैं। स्विटज़रलैण्ड, आस्ट्रेलिया, अमेरिका, कनाडा, इटली, आस्ट्रिया, इंग्लैण्ड, हालैण्ड, फ्रान्स, डेनमार्क, माल्टा, वेनेज़ुएला, आयरलैण्ड, न्यूज़ीलैण्ड, देशों में लगभग तीस प्रतिष्ठान माँ के आदर्शों पर चलकर सेवा भावना का परिचय दे रहे हैं।

मिशनरीज़ ऑफ चैरिटीज़ के साथ ही माँ की विराटता की सूचक एक अन्त-र्राष्ट्रीय संस्था 'इण्टरनेशनल एसोसिएशन ऑफ कोवर्कर्स ऑफ मदर टेरेसा' भी है।

कुल मिलाकर माँ की ममता अनेक रूपों में सामने आकर मानवता का सन्देश फैला रही है।

भारत में निर्मल हृदय, निर्मल शिशु भवन, निर्मल केनेडी केन्द्र जैसे प्रतिष्ठान रोगियों, निराश्रितों, विकलांगों आदि की सेवा करते हुए मानवता को एक नई दिशा दिखा रहे हैं।

अपनी प्राय: नौ-दस वर्षों की तपस्या के परिणामस्वरूप माँ ने सर्वप्रथम सन् 1959 में कलकत्ता नगर के बाहर एक भवन का निर्माण कराया, क्योंकि माँ की सहयोगी बहिनों की संख्या बढ़ती जा रही थी। उन्हें प्रशिक्षण देकर ही देश के अन्य भागों में भी कार्य का विस्तार किया जा सकता था। तब तक माँ का कार्यक्षेत्र केवल कलकत्ता तक ही सीमित था। इसके बाद दिल्ली में एक भवन निर्माण हुआ।

सन् 1950 में माँ की केवल सात सहयोगी बहिनें थीं। शनै:-शनै: यह संख्या बढ़ती रही। इनमें अधिकतर बंगाल, बिहार, असम, उत्तर प्रदेश, मेघालय और उड़ीसा की थीं, साथ ही कुछ ऐंग्लोइण्डियन तथा विदेशी भी संन्यास धर्म की दीक्षा लेने आयीं।

इन बहिनों में अधिक संख्या मध्यम वर्ग की ही थी, किन्तु कुछ धनी परिवार की पुत्रियां भी धन-सम्पत्ति आदि का मोह छोड़ इस पावन कार्य में सहयोग देने आयीं। इन बहिनों की सेवा भावना के विषय में माँ के निम्नलिखित शब्द उल्लेखनीय हैं–

"इन उच्च मध्यम वर्ग की लड़कियों ने जीवन का सर्वस्व मिटा देना चाहा। उन्होंने अपना जीवन भगवान् को समर्पित कर दिया। सब कुछ भगवान् के चरणों में समर्पित कर देने में ही उनका जीवन सार्थक था। मान-सम्मान सब कुछ छोड़कर उन्होंने मनुष्य की सेवा में ही ईश्वर को प्राप्त करना चाहा। करुणा के असीम समुद्र भगवान को उनका हृदय कभी विस्मृत न कर दे, उनकी ही कृपा से निर्धनतम मानव की सेवा का सूअवसर इन्हें प्राप्त हुआ।

"जिन दिनों इन्हें सेवा के इस व्रत में लगाया तभी से हम अपने सेवा कार्य के विषय में इनके साथ विचार-विमर्श करते हैं। भगवान् के समीप इच्छा पूर्ण करने की बात लेकर भी वार्तालाप होता है। प्रार्थना में आध्यात्मिक शक्ति का संचय करती हैं और उसी शक्ति का सम्बल पाकर उन्हें बस्तियों में जाना होता है। वहाँ कार्य करना और लोंगों से मिलना-जुलना, ये दोनों कार्य प्रशिक्षण में सम्मिलित हैं। सामान्यत: नोविसेज (नये लोग) प्रशिक्षण के प्रथम चरण में बाहर नहीं जाते, किन्तु हमारी चौथी प्रतिज्ञा-दरिद्र से दरिद्र मनुष्य की सेवा करना, दरिद्र रूप में यीशु की सेवा करने के लिए ही बस्तियों में लोगों से मिलने-जुलने की आवश्यकता होती है। इसीलिए इन्हें दरिद्रतम लोगों के सामने जाना पड़ता है। उनकी जीवन-धारा का प्रवाह किधर होगा, इस विषय का पूर्ण ज्ञान प्राप्त करना इनके लिए आवश्यक है। निर्धनतम मानव के सुख-दुख के मध्य में यीशु को, यीशु के अस्तित्व को चौबीसों घण्टे प्राप्त करने के लिए तत्पर होने से पूर्व प्रारम्भिक ज्ञान संचित करने का केन्द्र ये बस्तियाँ ही हैं।"

नवागन्तुक बहिनों के यहाँ प्रवेश के समय से ही उन्हें यहाँ की कार्यशैली तथा

भावी जीवन-पद्धति का ज्ञान कराया जाता है। इसके लिए इन विषयों पर तर्क-वितर्क किये जाते हैं। इससे उन्हें परखने का भी अवसर मिल जाता है, क्योंकि प्रत्येक पक्ष को देखकर उसकी समालोचना करके ही किसी निष्कर्ष पर पहुँचा जा सकता है।

यह समस्त साधना अत्यन्त कठोर है। इसमें कोई पूर्ण समर्पित ही खरा उतर सकता है,फिर भी आज तक 'मिशनरीज़ ऑफ चैरिटीज़' छोड़ने वाली बहिनों की संख्या नगण्य ही रही है। इस विषय में माँ ने कहा था—

"बहुत कम, बहुत ही कम संख्या में सिस्टर्स चली गयी हैं। जो भी चली गयी हैं, उन्हें अँगुलियों पर गिना जा सकता है। यह वास्तव में बड़ी प्रसन्नता की बात है कि प्रारम्भ से ही इतनी अधिक संख्या में सिस्टर्स विश्वास के साथ काम करती आ रही हैं।

"उनके लिए यह चुनौती की तरह है। उन्होंने सर्वस्व त्याग करना चाहा था, कठिनतम जीवन का सामना करना चाहा था। इस जीवन को प्राणार्पण से प्यार करना होगा। दरिद्रता को अपना आभूषण बनाकर प्रत्येक के बीच काम करने के लिए जाना होगा। प्यार का मूर्त रूप बनना ही भगवान् के प्रति समर्पित कार्य है। हमारे प्यार का स्पर्श किसी न किसी के लिए तो निर्दिष्ट है ही। हमारे चेहरों पर खिलने वाली प्रसन्नता ही हमारी सोसायटी की शक्ति का मूल कारण है। स्वयं का ईश्वर के चरण कमलों में समर्पण, प्रेम का विश्वास, आनन्द, यही हमारा मूलधन है। क्या सेवा धन से ही होती है ? नहीं केवल धन से ही सेवा नहीं होती। सेवा का हृदय चाहिए। अस्पतालों में डाक्टर, नर्स भी तो सेवा करते हैं। उस सेवा में प्रेम का स्पर्श भी है या नहीं, यही विचारणीय बात है। प्यार के संसार में छल के लिए कोई स्थान नहीं है। मुँह से नहीं, कार्य से समझाना होगा कि हम उन्हें प्यार करते हैं। प्यार करते हैं, हृदय की गहराइयों से। इसीलिए उनके पास सदा प्रसन्न मन से जाना होगा। दु:खी मन से जाने पर वे दु:खी लोग और भी अधिक टूट जाएँगे।

"सदा उन्हें कुछ देना ही हो, ऐसी बात नहीं है। हम जो देते हैं, वे लोग वही चाहते हैं। अधिकांश लोग प्राप्त करना चाहते हैं। इन पच्चीस वर्षों में लोगों से मिलकर हमें यह स्पष्ट हो गया कि 'हमें कोई नहीं चाहता' यही भावना सबसे बड़ा रोग है। मानव जीवन में इससे बढ़कर दूसरा कोई अभिशाप नहीं हो सकता। आजकल कुष्ठ रोग अच्छा करने की औषधि है। तपेदिक का उपचार हो जाता है। किन्तु 'मैं अवांछित हूँ, मुझे कोई नहीं चाहता' के समान भयानक रोग अन्य कोई है, यह मुझे ज्ञान नहीं। इस रोग को दूर करने की एक ही औषधि है, और वह है प्यार।

"हमारा लक्ष्य यही है, दरिद्रतम व्यक्ति को यीशु का रूप समझकर उसकी सेवा करना, उसे प्यार करना।"

□□

यही भावना, प्रभु के प्रति समग्र समर्पण, सर्वत्र प्रभु का ही अवलोकन, असीम

करुणा, मानवमात्र के प्रति ममता का भाव, सुखों को तुच्छ समझना, दरिद्रनारायण की सेवा में ही सुखों का उत्स समझना आदि उदात्त मानवतापूर्ण विचार माँ की सफल साधना के मूल कारण थे।

इस प्रकार की समर्पण भावना ने ही उन्हें विश्व का श्रद्धेयतम व्यक्तित्व बना दिया। इसीलिए उन्हें अपने मार्ग में आने वाली समस्त कठिनाइयों पर विजय प्राप्त हुई।

माँ की बहिनें जब कभी 'कल' की व्यवस्था के विषय में कहती थीं, तो माँ का एक ही उत्तर होता, "क्यों? क्या भगवान् हमें नहीं देख रहे हैं?"

इन सभी संन्यासिनों को परिश्रमपूर्ण कठोर जीवन का निर्वाह करना पड़ता है। नीले किनारे की सफेद धोती तथा पूरी बाँहों का सफेद ब्लाउज़ ही उनका परिधान है।

सभी को प्रातः चार बजे उठना होता है। नित्यकर्मों के बाद सुबह साढ़े छः बजे प्रार्थना होती है। इसके बाद प्रातः का अल्पाहार, फिर सफाई आदि कार्यक्रम होते हैं। वस्त्रों और घर की सफाई प्रत्येक को करनी पड़ती है। इसके बाद उन्हें अपने-अपने कार्यों पर जाना पड़ता है।

दोपहर में सभी अपने निवास पर लौट आती हैं। इस समय दोपहर का भोजन होता है। भोजन के बाद पुनः प्रार्थना की जाती है।

दोपहर बाद नियमित कक्षाएँ होती हैं, जिसमें नियम आदि पढ़े जाते हैं।

साढ़े बारह बजे निवास स्थानों पर लौटने के बाद दो बजे पुनः कार्य पर चले जाना होता है। सांयकाल सात बजे सभी वापस लौट आती हैं। उस समय पुनः प्रार्थना होती है।

प्रार्थना में सभी बहिनों का उपस्थित होना नितान्त आवश्यक है। माँ की दृढ़ मान्यता थी कि इन बहिनों को समाज-सेवा के साथ ही धर्म का भी पालन करना चाहिए।

सुख-ऐश्वर्य आदि की कामना के लिए इनके सिद्धान्तों में कोई स्थान नहीं है। परिश्रम, समाज-सेवा, शुद्ध आचरण, प्रभु स्मरण यही इनका जीवन है।

सभी बहिनें इन सिद्धान्तों का पूरी सत्यपरायणता के साथ पालन करती हैं।

कार्य के समय कोई भी बहिन घर में नहीं बैठ सकती। इस नियम की कभी अवहेलना नहीं होती। अवहेलना का प्रश्न ही नहीं उठता, क्योंकि सभी कर्तव्य-पालन करना अपना धर्म समझती हैं।

इन बहिनों को सभी कार्य अपने हाथों से करने पड़ते हैं। सुख-सुविधा या आराम देने वाली कोई वस्तु न तो खरीदी जाती है और न दान में स्वीकार की जाती है। एक बार किसी महाशय ने मिशनरीज़ ऑफ चैरिटीज़ को कपड़े धोने की एक मशीन प्रदान करने की इच्छा व्यक्त की। उन्होंने अपनी यह इच्छा माँ के सामने रखी। माँ ने इस विषय में सभी बहिनों के विचार जानने के लिए उन्हें बुला भेजा। सभी बहिनें माँ के पास पहुँचीं, तो माँ ने इस विषय में उन्हें अपना मत देने के लिए कहा, किन्तु सभी बहिनों ने एक स्वर में उत्तर दिया, "माँ! हम कपड़े धो लेंगी, मशीन की कोई आवश्यकता नहीं है।"

कदाचित् माँ को अपनी इन बहिनों से यही अपेक्षा थी, अतः कपड़े धोने की मशीन नहीं ली गयी।

आरम्भ में मिशनरीज़ ऑफ चैरिटीज़ के भवन में फोन भी नहीं था। बाद में काम अधिक बढ़ जाने से इसकी आवश्यकता प्रतीत होने लगी। अतः एक फोन लगा लिया गया।

विश्व के अनेक पुरस्कारों में माँ को लाखों रुपयों की धनराशि प्राप्त हुई, किन्तु माँ ने इस समस्त धनराशि को मानवता के कल्याण में लगा दिया। इस प्रकार प्राप्त धन पर माँ अपना अधिकार ही नहीं समझती थीं।

सन् 1979 में जब माँ को शान्ति कार्यों के लिए नोबेल पुरस्कार से सम्मानित किया गया, तो माँ ने कहा था–

''यह पुरस्कार मेरा नहीं, अपितु विश्व के मानवता के पुजारियों का है।''

इसी सिद्धान्त को सामने रखकर माँ अत्यन्त सामान्य जीवन बिताने की पक्षधर थीं। माँ ने कभी, धन के लिए किसी के सामने हाथ नहीं फैलाया, फिर भी उन्हें विभिन्न पुरस्कारों से काफी बड़ी धनराशि प्राप्त हुई। इस धन को उन्होंने पर्याप्त विचार के बाद कल्याणकारक कार्यों में व्यय किया। निर्मल हृदय में बहिनें तथा भाई वही भोजन करते हैं, जो रोगियों को दिया जाता है।

□□

आज विश्व के अनेक देशों में माँ के संगठन की संन्यासिन बहिनें सेवा धर्म का पालन कर रही हैं। कहीं भी नया केन्द्र खोलने अथवा बहिनों को भेजने से पूर्व माँ स्वयं जाकर देखती थीं कि वहाँ बस्तियों में, भूखों, असहायों आदि की संख्या तथा स्थिति क्या है? इन समस्त विवरणों से सन्तुष्ट हो जाने पर ही माँ वहाँ नया केन्द्र खोलती थीं।

एक बार जब माँ को ज्ञात हुआ कि बेनेजुएला में परित्यक्त बच्चों की संख्या निरन्तर बढ़ती जा रही है, तो उनका हृदय द्रवित हो उठा। माँ बेनेजुएला गयीं। समस्या वस्तुतः बड़ी चिन्तनीय हो गयी थी, अतः माँ ने वहाँ नया केन्द्र खोलना स्वीकार कर दिया।

□□

अनथक साधना, अपूर्व त्याग, सर्वस्व त्याग! माँ के जीवन का यही रूप रहा। वह सेवा का मूर्त रूप थीं। उन्होंने सर्वथा साधनहीन होने पर भी विश्व में जो महान् आदर्श प्रस्तुत किया, वह प्रशंसनीय ही नहीं स्तुत्य भी है।

उन्हें अपने कार्य के आरम्भ में अनेक कठिनाइयों का सामना करना पड़ा, किन्तु वह कभी न उद्विग्न हुईं और न विचलित ही। उन्होंने कष्टों को भी प्रभु के प्रसाद के रूप में देखा। माँ कर्मयोगी रही, अनासक्त कर्मयोगी। उन्हें न विपत्तियों का भय रहा, न सफलताओं से वह हर्षित हुईं, उन्होंने पवित्र उद्देश्य के लिए अनवरत क्रियाशीलता

को अपना धर्म समझा। दु:खी–दरिद्रों की सेवा में प्रभु के दर्शन किये। फलत: कठिनाइयाँ आने पर भी अन्तत: सफलता ने उनके चरण चूमे।

प्रभु यीशु के चार आदर्श–दरिद्रता, पवित्रता, अनुगमन तथा दान ही माँ और 'मिशनरीज़ ऑफ चैरिटीज़' के जीवन के आदर्श बने। ये चारों आदर्श कलकत्ता के जगदीश बसु रोड पर स्थित इस संस्था के एक कमरे के पट्ट पर भी लिखे हैं।

माँ की अनुयायी ये बहिनें विश्व के अनेक भागों में इन आदर्शों का पालन कर रही हैं। उन्हें दरिद्र–पीड़ित, रोगी–निराश्रय सभी प्रकार के लोगों की सेवा करनी पड़ती है। न उन्हें गन्दगी से परहेज़ है, न कुष्ठ जैसे घृणास्पद समझे जाने वाले रोग से घृणा, न उन्हें किसी पापी के प्रति किसी प्रकार का द्वेष है, न सांसारिक सुखों से अनुराग।

"हे भगवान! हमें विश्व भर के पीड़ितों की सेवा के योग्य बनाओ, ऐसे पीड़ितों की जो दरिद्रता एवं भूख में जन्म लेते हैं और उसी में कालकवलित हो जाते हैं। हमारे हाथ उन्हें रोटी देते रहें। हमारा प्रेम और शान्ति उन्हें प्राप्त होती रहे।"

इसी आदर्श को सामने रखकर वे दीन–दु:खियों की सेवा में निरत रहती थीं।

ये बहिनें प्रभु का काम समझकर विश्व के अनेक देशों में पीड़ितों की सेवा करती रहीं। वे आदिवासियों के बीच में रहकर भी उसी प्रकार प्रसन्न रहती थीं। भारत, अफ्रीका, आस्ट्रेलिया आदि देशों में आदिवासियों के बीच रहकर उन्हें किस प्रकार की समस्याओं का सामना करना पड़ता होगा, इसकी हम कल्पना भी नहीं कर सकते।

उनके लिए समस्त पृथ्वी उनका अपना घर थी। कलकत्ता, लन्दन जैसी महानगरियाँ हों या आदिवासियों की बस्तियाँ, उनके लिए सभी समान थीं। यहां की बहिनें शराब का स्पर्श भी नहीं करतीं, किन्तु विदेशों में उन्हें शराबियों के बीच भी रहना पड़ता है, क्योंकि उन्हें पाप से घृणा है, पापी से नहीं। माँ उन्हें प्रत्येक देश–समाज की परम्पराओं से भी परिचित कराती थीं, जैसे अफ्रीका में किसी को गरीब शब्द से सम्बोधित नहीं किया जाता। इस शब्द के अनेक अर्थ होने के कारण उन्हें वहाँ 'भाई' 'बहिन' शब्दों का प्रयोग करना चाहिए इत्यादि।

माँ तथा उनकी सहकर्मिणी बहिनों की इसी सेवा भावना के कारण विश्व के अनेक राजनेताओं ने उनके कार्यों की समय-समय पर प्रशंसा की। सन् 1971 में बांग्लादेश के जन्म के समय वहाँ से लाखों शरणार्थियों ने भारत आकर शरण ली। उस समय अमेरिका के एक सीनेटर एडवर्ड केनेडी भारत आये। वह बांग्ला देश के शरणार्थियों के शिविरों को देखने के लिए पूर्वी भारत के राज्यों में गये। जब वह कलकत्ता में इस दौरे पर थे, उनके साथ अनेक पत्रों के प्रतिनिधि, फ़ोटोग्राफर आदि भी थे। कुल मिलाकर वह सदा अनेक लोगों से घिरे रहते थे। इससे उन्हें शरणार्थी शिविरों को ठीक से देखने में असुविधा हो रही थी।

एक बार एक दृश्य देखकर वह सहसा रुक गये। माँ की एक सहकर्मिणी बहिन हैज़े के रोगी के कपड़े साफ कर रही थीं। यह देखकर एडवर्ड केनेडी का माथा श्रद्धा

से झुक गया। वह समझ गये कि माँ के कार्यों की इस सफलता का रहस्य क्या है। इस सेवा-भावना से वह अत्यन्त प्रभावित हुए। यह बहिन और कोई नहीं सिस्टर अग्नेस थीं। सिस्टर अपने कार्य में व्यस्त थीं। मिस्टर केनेडी स्वयं को न रोक सके और सिस्टर से हाथ मिलाने के लिए आगे बढ़ गये। सिस्टर के लिए तो यह कार्य उनकी साधना का एक अभिन्न अंग था। केनेडी को हाथ आगे बढ़ाते देख सिस्टर बोलीं, "किन्तु मेरे हाथ तो गन्दे हैं!"

"आपके हाथ जितने गन्दे होंगे, मैं स्वयं को उतना ही धन्य समझूँगा। आप जो कार्य कर रही हैं, उसकी महत्ता की विश्व में किसी भी अन्य कार्य से तुलना नहीं की जा सकती।" एडवर्ड केनेडी ने कहा।

भला दीनों की सेवा में तत्पर, दरिद्रनारायण की सेवा को अपना धर्म समझने वाले, परदु:ख कातर हाथ गन्दे कैसे हो सकते हैं!

माँ एक व्यक्ति न होकर एक संस्था बन गई थीं, एक प्रतीक, सेवा-भावना की प्रतीक! ममता और प्रेम की प्रतीक।

उनकी इन्हीं महानताओं के कारण समग्र विश्व उनका भक्त बना। उनके कार्य में थोड़ा-सा भी सहयोग देकर लोग स्वयं को धन्य समझने लगे।

माँ के पास प्रतिदिन अनेक पत्र आते रहते थे जिनमें उनसे विभिन्न प्रकार की माँगें की जाती थीं। इन मांगों में उनके कार्य में सहयोग देकर पुण्य कार्यों में सहभागी होने की माँगें भी होतीं। विदेशों से कई युवक-युवतियाँ कुछ अवकाश लेकर उनके आश्रमों में कुछ समय पीड़ितों की सेवा करने के लिए आना चाहते।

माँ के व्यक्तित्व के प्रभाव के समक्ष बड़े-बड़े धनवान लोग भी अपने आपको अकिंचन समझने लगते थे। माँ स्वयं को जन-जन से पृथक नहीं देखतीं, वह मानव-समाज की समष्टि में ही अपना अस्तित्व समझती थीं, अत: वह धनी, निर्धन, बालक, युवा या वृद्ध किसी से भी कोई कार्य कराने में किसी प्रकार का संकोच नहीं करती थीं।

माँ के कर्मक्षेत्र में अवतरण के आरम्भिक दो-तीन वर्षों की बात है। उस समय 'मिशनरीज़ ऑफ चैरिटीज़' में बहिनों की संख्या भी अधिक नहीं थी। सांयकाल माँ को पता चला कि उस दिन उनके पास एक पैसा भी न था। माँ ने सिस्टर क्लेयर को बुलाया और कहा, "सिस्टर, आज तो घर में खाने के लिए कुछ भी नहीं है और पास में एक पैसा भी नहीं। व्यवस्था न हो पायी, तो भूखे रहना पड़ेगा।"

सिस्टर क्लेयर की समझ में कुछ भी नहीं आ रहा था। वह यह भी न समझ सकीं कि माँ क्या कहना चाहती थीं। वह माँ के मुंह की ओर देखने लगीं, मानो पूछना चाहती हों, तो फिर क्या करना चाहिए?

समस्या का समाधान सुझाती हुई माँ बोलीं, "देखो, डरने की क्या बात! तालतला में गोआ के रहने वाले भद्र पुरुष के पास जाओ, जिसकी रोटी बनाने की फैक्ट्री है। उससे कहना, कदाचित् रोटी मिल जाए।"

यह सुनते ही बिना कुछ कहे सिस्टर क्लेयर निकल पड़ीं। तालतला 'मिशनरीज़ ऑफ चैरिटीज़' के पास ही है। वह उक्त भद्र पुरुष डोमिनिक परेरा के पास पहुँची। उन्होंने स्पष्ट शब्दों में अपनी समस्या उसके सामने रख दी। परेरा ने सहर्ष दस पौंड रोटी सिस्टर क्लेयर को दे दी।

प्राचीनकाल में संन्यासी इसी प्रकार भिक्षावृत्ति से अपनी उदरपूर्ति करते थे। सर्वस्व त्यागी संन्यासी जिस किसी गृहस्थ के घर जाकर खड़े हो जाते, उन्हें कुछ भी नहीं कहना पड़ता। गृहस्थ स्वयं उन्हें सम्मान सहित मधुकरी प्रदान कर देते।

वाद में जब माँ ने तालतला में आश्रयविहीन बच्चों के लिए एक पाठशाला खोली, तो उक्त भद्र पुरुष परेरा ने ही अपनी फैक्ट्री का एक भाग इस कार्य के लिए दिया था।

□□

संघर्ष, सेवा और निर्भीकता—

संकटों में भी अविचलित—

कर्म में विश्वास—

पावन उद्देश्य के लिए, किसी से कुछ मांगने में किसी प्रकार का संकोच भाव नहीं।

माँ ने इन सिद्धान्तों को सदा अपने सामने रखा। उन्होंने कार्यारम्भ एक फ़क़ीर की तरह किया, पास में केवल पाँच सौ रुपये और उद्देश्य महानतम।

भले ही उन्हें इस कार्य के आरम्भ में अनेक कठिनाइयों का सामना करना पड़ा, किन्तु इनसे वह कभी विचलित नहीं हुईं अर्थात् उनकी चाह को कठिनाइयां होने पर भी राह मिलती गयी।

आस्था के प्रतीक

मां टेरेसा विश्व की एक निरूपम विभूति थीं यद्यपि वह न तो आत्मप्रशंसा चाहती थीं, न किसी से मांगती थीं और न ही अपने कार्यों का प्रचार-प्रसार कराती थीं। उन्होंने अपने कार्यों के लिए कभी सरकार से किसी प्रकार की सहायता की मांग भी नहीं की, फिर भी उनके कार्यों का महत्व किसी से कैसे छिपा रह सकता था, क्योंकि सूर्य का प्रकाश स्वयं ही उसके उदय की सूचना दे देता है।

मां को विश्व के अनेक पुरस्कारों से समय-समय पर सम्मानित किया गया। उनके कार्यों की तुलना में इन सम्मानों का महत्व नगण्य ही कहा जाएगा, फिर भी आस्था के प्रतीक इन सम्मानों से विश्व ने मां के प्रति अपनी कृतज्ञता व्यक्त की।

''कविता करके तुलसी न लसे
कविता लसी पा तुलसी की कला।''

हिन्दी साहित्य के मूर्धन्य कवि तुलसीदास के विषय में कहे गये ये शब्द सर्वथा सार्थक हैं—''कविता लिखने से तुलसी का महत्व नहीं बढ़ा, अपितु इस महान् कवि की कला का सम्बल पाकर स्वयं कविता की शोभा बढ़ी।''

इसी प्रकार हम मां के विषय में कह सकते हैं कि इन सम्मानों से मां की प्रतिष्ठा नहीं बढ़ी, अपितु इन सम्मानों की सार्थकता सिद्ध हुई। अन्य किसी व्यक्ति को सम्मान मिलने में भले ही वह कार्य आलोचना का विषय बने, किन्तु मां के विषय में ऐसा नहीं कहा जा सकता।

मां न तो किसी सम्मान की इच्छा रखती थी और न ही उनकी कोई लौकिक इच्छा थी। वह तो केवल दरिद्रनारायण की सेवा को अपना धर्म समझती थीं। मां का तो केवल यही कहना था—

''सब उनकी इच्छा है। ईश्वर पर मन-प्राण रखोगे तो फिर कोई समस्या ही नहीं रहेगी। दु:ख, वेदना, व्यर्थता आएगी, आने दो। याद रखो दु:ख ही आनन्द लाता है और व्यर्थता ही सफलता लाती है। वेदना जीवन को मधुरतामय बना सकती है, जिसके जीवन का पात्र वेदना से लबालब भरा है, वही वेदना से पीड़ित मनुष्य का दु:ख दूर कर सकता है।''

मां का जीवन दु:खियों की सेवा के प्रति समर्पित था। उनकी इसी सेवा भावना के कारण विश्व उनके समक्ष श्रद्धा से नत हो जाता था। सन् 1962 में भारत सरकार ने उन्हें पद्मश्री से सम्मानित किया। वस्तुत: यह मां का सम्मान न होकर उनके महान् कार्यों के प्रति श्रद्धा की एक अभिव्यक्ति थी।

श्वेत साड़ी पहनी हुई मां ने राष्ट्रपति भवन में तत्कालीन राष्ट्रपति डाक्टर राजेन्द्रप्रसाद से यह सम्मान ग्रहण किया था। उस समय वहां उपस्थित लोगों ने तालियां बजाकर प्रसन्नता का परिचय दिया था। उस समय का वर्णन करते हुए श्रीमती विजयलक्ष्मी पण्डित के उद्गार उल्लेखनीय हैं। उन्होंने अपने उद्गार निम्नलिखित शब्दों में व्यक्त किये थे–

"The magnificent Darbar Hall of Rashtrapati Bhawan became silent, when this sari-clad-nun a picture of humility walked up to the dias. She took the award as if she was taking a sick child or a dying man in her arms. It meants nothing more than that to her-but the hall went mad. Mother Teresa received the loudest applause. There were tears in the eyes of the President (the late Dr. Rajendra Prasad). Later, when we were going to home, I asked my brother, (Jawaharlal Nehru), "Wasn't that a moving thing?" he said, "I do'nt know how you felt, but I had great difficulty in restrasining my tears."

—"जब मानवता का मूर्त रूप साड़ी धारिणी वह संन्यासिनी मंच की ओर बढ़ी, तो राष्ट्रपति भवन के दरबार हाल में सन्नाटा छा गया। वह जिस उत्साह से किसी शिशु अथवा मरणासन्न व्यक्ति को गले से लगा लेती हैं, इस प्रकार का उत्साह उन्होंने पुरस्कार ग्रहण करने के लिए हाथ आगे बढ़ाते समय नहीं दिखाया, फिर भी हाल में बैठे दर्शक आनन्द से पागल हो गये। मां टेरेसा को सर्वाधिक प्रशंसा मिली। महामहिम राष्ट्रपति की आंखें भी आनन्द के अश्रुओं से गीली हो गयीं। बाद में जब हम घर लौट रहे थे, तो मैंने अपने भाई जवारहलाल नेहरू से पूछा, "क्या मदर टेरेसा वास्तव में एक झकझोर देने वाला व्यक्तित्व नहीं है?" इस पर वह बोले, "मैं कुछ नहीं कह सकता कि तुम्हें क्या अनुभूति हुई, किन्तु मुझे अपने आंसुओं को रोक पाने में बड़ी कठिनाई हुई।"

निश्चय ही महामहिम राष्ट्रपति और पं. जवाहरलाल नेहरू मां के महिमाशाली व्यक्तित्व से अभिभूत हो गए थे। अकिंचन जैसी दिखाई देने वाली मां के प्रति उनकी श्रद्धा उनके आंसुओं के रूप में अभिव्यक्त हो गयी थी।

श्रीमती विजयलक्ष्मी पंण्डित के इन शब्दों से मां की निष्काम कर्म करने की भावना का भी सुन्दर वर्णन हुआ है। जो मां निराश्रय शिशुओं तथा मरणासन्न रोगियों को बड़े उत्साह से आगे बढ़कर गले लगा लेती थीं, वही इस सम्मान को सर्वथा निर्लिप्त भाव से ग्रहण करने के लिए आगे थीं।

एक ऐसी संन्यासिनी को, जो दरिद्रों-दुखियों की सेवा को ही स्वधर्म समझती थीं, उन्हें इस प्रकार के मान-सम्मान आदि की क्या लालसा हो सकती थी!

□□

25 मार्च, सन् 1963 के दिन मां ने 'मिशनरीज़ ऑफ चैरिटीज़' की एक नयी शाखा 'मिशनरी ऑफ ब्रदर्स' की स्थापना की। इसी वर्ष उन्हें फिलीपाइन्स सरकार का 'रैमन मैगसेसे अवार्ड' प्राप्त हुआ। इस पुरस्कार के प्राप्त होने पर मां ने इसके साथ मिली धनराशि को निर्लिप्त भाव से दान कर दिया।

मां को आगरा के मिशनरीज़ से कुछ ही दिन पूर्व एक पत्र प्राप्त हुआ था। मिशनरी आगरा में एक शिशु भवन बनवाना चाहते थे। इस पत्र में मां से शिशु भवन बनाने के लिए पचास हज़ार रुपयों की मांग की गयी थी। मां के पास पैसा न होने के कारण वह इस विषय में दुःखी मन से अपनी विवशता व्यक्त कर चुकी थीं, किन्तु इस पुरस्कार की सूचना प्राप्त होते ही मां कह उठीं थीं, "लगता है, भगवान आगरा में शिशु-भवन बनवाना चाहते हैं।"

और उन्होंने यह धन राशि उक्त कार्य के लिए दान कर दी।

□□

सन् 1971 में गुरु ने शिष्या को सम्मानित किया। मां टेरेसा को वेटिकन सिटी का 'जॉन जीन प्राइस' के लिए चुना गया।

इसी वर्ष मां को दो अन्य पुरस्कार भी प्राप्त हुए, एक 'गुड सैमेरिटन अवार्ड' तथा दूसरा 'जॉन एफ. केनेडी अन्तर्राष्ट्रीय अवार्ड'।

इसके अगले वर्ष मां को 1972 का 'जवाहरलाल नेहरू' पुरस्कार प्राप्त हुआ।

सन् 1973 ई. में मां को सर्वाधिक धनराशि वाले 'टेम्पलटन अवार्ड' से सम्मानित किया गया।

1974 में वह 'मैटर एट मैगरेस्ट्रा अवार्ड' से सम्मानित की गयीं।

पुरस्कारों की यह परम्परा चलती रही। सन् 1979 में मां को विश्व का सर्वाधिक सम्मानजनक 'नोबेल पुरस्कार' शान्ति के लिए दिया गया।

सन् 1980 में मां को भारत का सर्वोच्च असैनिक सम्मान 'भारत रत्न' से सम्मानित किया गया।

इन पुरस्कारों के साथ ही विश्व की अनेकानेक संस्थाओं, शिक्षा संस्थानों, विश्वविद्यालयों आदि ने भी मां को विभिन्न प्रकार से सम्मानित कर उनके प्रति अपनी श्रद्धा का परिचय दिया। सन् 1975 में अन्तर्राष्ट्रीय संस्था एफ.ए.ओ. ने एक पदक बनाया। इस पदक के एक ओर मां टेरेसा की मूर्ति अंकित थी और दूसरी ओर एक नवजात

दुर्बल शिशु को हाथ बढ़ाकर लेती हुई एक देवी को उत्कीर्ण किया गया था। इस चित्र को ब्रिटेन के सुप्रसिद्ध चित्रकार माइकल रिजेला ने बनाया था।

सन् 1975 अन्तर्राष्ट्रीय नारी वर्ष के रूप में मनाया गया। इस उपलक्ष्य में मेक्सिको में विश्व महिला सम्मेलन का आयोजन हुआ, तो इसमें मां को विशिष्ट अतिथि के रूप में सम्मानित किया गया।

सन् 1971 में अमेरिका के कैथोलिक विश्वविद्यालय ने मां टेरेसा को 'डाक्टर ऑफ ह्यूमन लेटर्स' की मानद उपाधि से सम्मानित किया।

सन् 1976 में विश्व भारती शान्ति निकेतन ने 'देशिकोत्तम' उपाधि देकर मां के प्रति अपनी श्रद्धा का परिचय दिया। उन्हें यह उपाधि भारत की तत्कालीन प्रधानमन्त्री श्रीमती इन्दिरा गांधी ने प्रदान की थी।

□□

पहले भी लिखा जा चुका है कि इन पुरस्कारों, सम्मानों या उपाधियों से मां का सम्मान नहीं बढ़ा, अपितु मां के हाथों के स्पर्श से ये स्वयं सार्थकता को प्राप्त हुए। इन पुरस्कारों को प्रदान करते समय इन संस्थाओं ने भी मां के कार्यों की मुक्त कण्ठ से प्रशंसा की। जब मां को रैमन मैगसेसे पुरस्कार प्राप्त हुआ, तो इस पुरस्कार के 'बोर्ड ऑफ ट्रस्टीज़' ने अपने उद्‌गार निम्नलिखित शब्दों में अभिव्यक्त किए थे–

"By her election, the board of trustees recognise her merciful cognizence of the object of a foreign land in whose service she led a new congregation."

''इस पुरस्कार के लिए मदर टेरेसा का चयन, करके 'बोर्ड ऑफ ट्रस्टीज़' उनके उदात्त मानवतापूर्ण कार्यों का एक विदेशी भूमि पर दरिद्रों के प्रति उनकी उस सेवा भावना की महत्ता को स्वीकार करता है, जिसके कारण उन्होंने अपना इस समुदाय के लिए सर्वस्व समर्पित कर दिया।''

इसी प्रकार मां के महान् कार्यों के लिए जब उन्हें टेम्पलटन पुरस्कार दिया गया, तो इस 'फाउण्डेशन' ने मां के प्रति अपनी श्रद्धा निम्नलिखित शब्दों में अभिव्यक्त की–

"Mother Teresa has been instrumental in widening and deepening man's knowledge and of God and there by furthering the guest of quality of life that mirrors of Divine."

''मां टेरेसा एक ऐसी साधिका हैं, जिन्होंने सामान्य मनुष्य की पहुंच से दूर मानवीय एवं ईश्वरीय ज्ञान की साधना की है। इससे वह मानव जीवन के स्तर तथा दिव्य मार्ग दिखाने में समर्थ हुई हैं।''

सन् 1972 में जवाहरलाल नेहरू पुरस्कार देते समय 'इण्डियन काउंसिल फॉर

कल्चरल रिलेशन' ने भी मां के प्रति इसी प्रकार की सम्मानजनक भावना की अभिव्यक्ति की थी—

"Mother Teresa had dedicated herself to the service of the destitute the uncared for and helpless members of humanity such tireless and selfless dedication to so worthy a cause has been seen but rarely..........in service selflessly, without narrow consideration of nationality, cast or creed and without, expectation of public recognition. Mother has set an outstanding example of how quite dedicated effort can contribute to the promotion of goodwill, friendship and understanding among the people of the world."

"मां टेरेसा ने स्वयं को मानव समाज के आश्रयविहीनों, उपेक्षितों तथा असहायों के लिए समर्पित कर दिया है। ऐसा अनथक परिश्रम, ऐसा निःस्वार्थपूर्ण समर्पण ऐसी योग्यता विरले ही लोगों में देखे जा सकते हैं। उन्होंने अपनी इस सेवा में सदा निःस्वार्थ भावना का परिचय दिया है। उनकी सेवा संकीर्णता से सर्वथा दूर है। उनके हृदय में राष्ट्रीयता, जाति, वर्ण जैसी कोई धारणा नहीं है। मानव कल्याण की भावना, समर्पण की भावना से विश्व के मानवसमाज में सदिच्छा, मित्रता और परस्पर एक दूसरे को समझने की भावना के लिए कैसे सहयोग दिया जा सकता है, इस विषय में मां की अपूर्व देन है।"

□□

एक बार एक अमेरिकी चिकित्सक मां से मिलने आए। उन्होंने कालीघाट 'निर्मल हृदय' में सेवा हेतु आने वाले विदेशी युवकों के विषय में चर्चा की। तब मां ने कहा था, "जो लोग स्वेच्छा से हमारे यहां सेवा करने आना चाहें, उन्हें हम कभी नहीं रोकते। कनाडा से एक युवक केवल दो दिन के लिए घूमने आया था। उसकी अवस्था लगभग चौबीस-पच्चीस वर्ष होगी। एक मास बीत जाने पर भी वह अपने देश लौटने की बात नहीं करता था, क्योंकि उसे यहां का कार्य बड़ा पसन्द आया था। जिन्हें ईश्वर ने बुद्धि दी है, उन्हें कैसे रोका जा सकता है!"

"डाक्टर! आप जैसे लोगों की हमें बहुत आवश्यकता है, आप मानवों से प्रेम भी करते हैं तथा पेशे से भी चिकित्सक हैं। ये दो गुण सदा हमारे काम के होते हैं। फ्रान्स के एक चिकित्सक ने यहां पांच मास तक कार्य किया था। आप छुट्टी मिलने पर यहां चले आइए। केवल। केवल भारत में ही नहीं लन्दन, अमेरिका आदि देशों में भी इस प्रकार की आवश्यकता रहती है।"

एक अन्य अमेरिकी चिकित्सक डॉ. स्टेंच ने मां से पूछा, "सभी देशों में आपके मिशन की कार्यप्रणाली समान है या इसमें कोई अन्तर है?"

इसके उत्तर में मां ने कहा था, ''कार्य सभी जगह एक समान है। निर्धन सभी जगह हैं, यही पूछना चाहते हैं ना आप? यहां लोग खाद्य पदार्थों के कारण भूखे हैं। पाश्चात्य जगत् में इस प्रकार की आवश्यकता कम है। वहां के लोग मानव के साथ अन्तरंग-प्रेम के लिए दरिद्र हैं। आपके देश में अकेलेपन का अभिशाप है। हमारा अभाव भौतिक है, जबकि आप लोगों का मानसिक। इन दोनों दरिद्रताओं का रूप भिन्न होते हुए भी दोनों समस्याएं समान रूप में ज्वलन्त हैं। वरन् आप लोगों का समाधान अत्यन्त दुःसाध्य है। यहां कोई भूखा है और उसके सामने भोजन की थाली रख दी तो उसकी समस्या का समाधान हो जाता है, परन्तु उन देशों के लोगों की भूख मानव-प्रेम न मिल पाने के कारण है। क्या थाली भर भोजन सामने रख देने के समान ही थाली भर प्यार भी रखा जा सकता है? अतः यह समस्या अधिक गम्भीर है। इसका समाधान कठिन है। मेलबोर्न में शराब के नशे में डूबे और संस्काररहित लोगों के लिए कार्य करने पर हमारी बहिनों को सुन्दर प्रतिफल प्राप्त हुआ है।

''चिकित्सालयों के नियमों के अनुसार चिकित्सा में इन विषयों में अच्छा कार्य नहीं हो पाता। इसके लिए हृदय की आवश्यकता है, जो इनके मन को छू सके। उस देश के एक रोगी ने मुझे बताया, 'मुझे अपने मित्र के व्यवहार से भारी आघात पहुंचा है। एक दिन मैं अपने उसी मित्र के साथ कहीं टहल रहा था। कुछ दूर जाकर मैं अपने मित्र को छोड़कर कुछ तेज़ी से आगे निकल गया, तो उसने मुझसे सदा के लिए सम्बन्ध तोड़ लिया, उसने मेरा साथ सदा के लिए छोड़ दिया।' उसके इस विचार से मुझे बड़ा विचित्र लगा, किन्तु हमने अपने हृदय की इस सूक्ष्म बात को नहीं पहचाना कि जो हृदय के अर्थात् प्रेम के भूखे हैं, उनकी भूख मिटाना बड़ा कठिन है।

''किन्तु यहां हमारे देश के इन लोगों को देखो; जीवन के प्रत्येक क्षेत्र में पीछे रह जाने पर भी इन्हें कोई शिकायत नहीं है। इनके पास अन्न नहीं, कपड़े नहीं, फिर भी इन्हें इसका कोई खेद नहीं। इन्होंने भाग्य को भी सर्वस्व मान लिया है। लगता है, जैसे यही इनकी निश्चित नियति है। किन्तु ऐसी बात नहीं है; उनकी अद्‌भुत-असाधारण सहनशक्ति ही उनकी महानता है। पश्चिम के देशों में इस भावना का बहुत बड़ा अभाव है। उनमें सन्तोष का अभाव है, इसीलिए उन्हें दुःख से तीव्र वेदना होती है। हम लोगों के समान वे सरलता से नहीं मान सकते, इसीलिए वे अशान्त रहते हैं, किन्तु इस देश के विपन्न-दरिद्र लोगों के आगे एक थाली चावल रख देने से ही समस्या हल हो जाती है। उनके समस्त अभाव पलमात्र में नष्ट हो जाते हैं। कुछ दिन पूर्व एक बालिका यहां आयी। वह कई दिनों से भूखी थी। हमने थाली भर भोजन उसके सामने रखा। वह कुछ देर तक उस भोजन को देखती रही। उसने कई दिनों से भात को देखा भी न था। उस बालिका की थाली देखते ही मृत्यु हो गयी, किन्तु मृत्यु से पूर्व उसने कोई

शिकायत नहीं की, कोई विरोध प्रदर्शित नहीं किया और किसी को दोष भी नहीं दिया। केवल मौनभाव से देखते हुए दम तोड़ दिया। वह देहत्याग भी नीरव था, जैसे नि:शब्द चली गयी हो। उसकी मृत्यु की कोई कल्पना भी नहीं कर सकता। अहा! कैसा महान् है यह जीवन। इन साधारण दिखायी देने वालों में कैसी असाधारणता छिपी हुई है, इसका अनुमान इसी प्रकार की घटनाओं से लगाया जा सकता है।

"स्वयं मुझे भी नहीं लगता कि मैं उनके समान सरल बन पाऊंगी। प्रतिवादरहित, अभियोगहीन, उन्मुक्त हो पाऊंगी।"

मां की इस अद्‌भुत इच्छा, उनके उदार विचारों से डा. स्टेन्च बड़े प्रभावित हुए। उन्होंने मां के प्रति सम्मान प्रकट करते हुए भारतीयों के इन महान् गुणों की प्रशंसा में कहा–

"मैं अमेरिका के अनेक चिकित्सालयों में कार्य करता हूं। वहां के दरिद्र समाज में भी काम करता हूं, किन्तु ऐसा कहीं देखने में नहीं आया। यदि सौभाग्यवश अवसर मिला, तो पुन: अवश्य आऊंगा और यहां कार्य करूंगा। यहां की दो चीज़ें बड़ी मनोहारी होती हैं। प्रथम, रोग पीड़ितों के प्रति प्रेम की जो जानकारी मुझे यहां मिली, वह अमेरिका के चिकित्सालयों में सर्वथा अप्राप्य है। दूसरा, यहां सामान्य सामग्री होती है; साथ ही यहां जिन औषधियों और उपकरणों से कार्य हो रहा है, अमेरिका के चिकित्सालयों की स्थिति इससे नितान्त भिन्न है। वहां नयी-नयी औषधियां और अन्य उपकरण सदा उपलब्ध रहते हैं, किन्तु इन साधारण सामग्रियों से भी जो महनीय कार्य यहां होता है, उसे यहां आने पर ही समझा जा सकता है।"

पंडित जवाहरलाल नेहरू एक बार मां के शिशु भवन के किसी समारोह में गये थे और वहां उन्होंने कहा था–

"You do not have to talk me about your work Mother! I know about it. That's why I am here."

"मां, आपको अपने कार्य के विषय में कुछ नहीं बताना होगा। मुझे सब ज्ञात है, इसीलिए मैं यहां आया हूं।"

अर्थात् मां को अपने कार्यों का परिचय नहीं देना पड़ता था। उनके कार्य स्वयं अपना परिचय दे देते थे।

लोरेटो की एक अन्य बहिन ने मां की ममता को निम्न शब्दों में चित्रित किया–

"The amazing thing about Mother Teresa is that she is ordinary. There are no legands (about her)".

"मां टेरेसा के विषय में सबसे अद्‌भुत बात यह थी कि वह सामान्य थीं।"

निर्मल हृदय की एक मरणासन्न रोगी ने मां के प्रति निम्न शब्दों में श्रद्धा व्यक्त

की थी–

"वस्तुतः यह महिला मनुष्य के रूप में साक्षात् देवी है।"

□□

भारत की पूर्व प्रधानमन्त्री स्व. श्रीमती इन्दिरा गांधी ने एक बार मां की प्रशंसा में उनके सहज सौम्य रूप से अभिव्यक्त होने वाले नम्रता एवं प्रेम जैसे उदात्त गुणों के विषय में कहा था–

"To meet her is to feel utterly humble to sense the power to tenderness, the strength of love."

"वस्तुतः चेहरा व्यक्ति की आन्तरिक विशेषता को व्यक्त कर देता है। मां के ममता, दया, प्रेम आदि गुणों का परिचय उनके चेहरे से ही मिल जाता है।"

कलकत्ता के फादर हेनरी को मां के कार्यों को निकट से देखने का अवसर मिला। मां के विषय में उनके विचार इस प्रकार हैं–

"मां निर्धनतम परित्यक्त व्यक्तियों की सेवा में स्वयं को समर्पित करने के लिए प्रयत्नशील हैं।"

सन् 1976 में विश्व बैंक के अध्यक्ष राबर्ट मैकनमाटा सपत्नीक भारत आये। जब वह 'निर्मल हृदय' गये, तो उनकी पत्नी ने कहा था–"मां टेरेसा निःसन्देह एक जाज्वल्यमान एवं विरल व्यक्तित्व हैं।"

माँ के हृदय की विराटता

मां टेरेसा एक व्यक्ति न होकर ममता, मानवता, दया, प्रेम, सहानुभूति आदि मानवीय गुणों की प्रतीक बन गयी थीं। उनके विषय में कोई प्रशंसा करना सूर्य को दीपक दिखाने के समान होगा। उनका विराट् हृदय सम्पूर्ण मानवता को अपनत्व का सन्देश देता है। वह भारत में ही नहीं विदेशों में भी जन-जन की श्रद्धेय, पूज्य और सम्माननीय थीं।

निर्मल हृदय, निर्मल शिशु भवन, निर्मल केनेडी केन्द्र तथा अन्यान्य चिकित्सा संस्थान उनकी इसी हृदय की विराटता की सूचना देते हैं।

मां इतना सारा काम कैसे करती थीं? यह प्रश्न भी अपने आप में आश्चर्यजनक है। दिनभर के कठिन परिश्रम के बाद जब उनकी सभी सहयोगी बहिनें सो जाती थीं, उस समय मां अपने कार्यालयी काम को निपटाती थीं। प्रतिदिन देश और विदेश से अनेक पत्र उनके पास आते थे। इन पत्रों में विभिन्न प्रकार की समस्याएं होती थीं। जैसे—'किसी के पिता का स्वर्गवास हो गया है, वह सर्वथा अनाथ हो गया है, मां उसे शरण दें। किसी को कुष्ठ रोग हो गया है उसके पारिवारिकजन ने उसे घर से निष्कासित कर दिया है या किसी युवती का पति व्यभिचारी हो गया है, जिससे उसकी स्थिति दयनीय हो गयी है।' इसी प्रकार के अनेक पत्र नित्य मां के पास आते थे। मां हर पत्र को स्वयं पढ़ती थीं और स्वयं उसका उत्तर देती थीं।

रात्रि में डेढ़, दो बजे सोने पर भी मां प्रातः सूर्योदय से पहले बिस्तर छोड़ देती थीं। इतना कठिन परिश्रम! वह भी किसके लिए?

पीड़ितों के लिए।

निराश्रितों, असहायों के लिए।

रोगियों, दु:खियों के लिए।

दरिद्रतम लोगों की सेवा के लिए।

यही तो मां के हृदय की विराटता थी।

मां सचमुच मां थीं। उनका हृदय कितना विशाल था, इसका अनुमान उनके कार्यों से ही लगाया जा सकता है, वह अपने कार्यों के विषय मे किसी से कुछ नहीं कहती थीं, फिर भी उनके कार्य स्वतः उनकी महानता का बखान कर देते थे। मां तथा उनके सहयोगियों द्वारा की जाने वाली प्रार्थना भी मां की इसी महानता का परिचय देती है:—

"Lord make me a channel of the peace, that where there is hatred, I may bring the spirit of Forgivenness;
that where there is discord, I may bring Haormony;
that where there is error, I may bring Truth;
that where there is doubt, I may bring Faith;
that where there is despair; I may bring Hope;
that where there are shadows, I may bring Light;
that where there is sadness, I may bring Joy;
Lord, grant that I may seek rather to comfort,
then to be comforted
to understand,
then to be understood
to love
then to be loved, for
it is by forgiving that one is forgiven
it is by dying that one awakens to eternal life."

''हे ईश्वर! मुझे अपनी शान्ति का सन्देशवाहक बनने दो। स्नेह के अभिषेक से घृणा दूर हो जाए। जहां अन्याय और कुविचार हों, वहां मैं क्षमा की मधुरता विकीर्ण कर सकूं। मैं पृथक होने में मिलन का स्वर गुंजित कर सकूं। भूल के स्थान पर सत्य की स्थापना कर सकूं। सन्देह के स्थान पर विश्वास की स्थापना कर सकूं। जहां दु:ख हैं, वहां मैं आनन्द ला सकूं।

''क्षमा भावना में ही मुक्ति का स्वाद है। क्षमा करके ही हम स्वयं को मुक्त कर सकते हैं। मृत्यु ही हमें स्थायी जीवन देती है।''

कितना साम्य है मां की इस प्रार्थना में और वैदिक उद्घोष में—

असतो मा सद्गमय:
तमसो मा ज्योर्तिगमय।
मृत्योर्मामृतम गमय।

इस प्रार्थना के आदर्शों को ही मां ने अपने जीवन का आदर्श बनाया।

□□

मां के जीवन में कई बार ऐसे क्षण आये, जिनका सामना एक साधारण मनुष्य कभी नहीं कर सकता, किन्तु मां तो सुख-दु:ख में समदर्शी थीं। वह समष्टि में व्यष्टि को देखती थीं, अत: उन्होंने दु:खों को कभी दु:ख नहीं समझा। यहां ऐसे ही कतिपय प्रसंग उद्धृत किए जा रहे हैं, जिनसे मां के हृदय की विराटता का परिचय सहज ही मिल जाता है।

एक दिन मां के एक प्रशंसक ने उनसे पूछा, ''मां! आपके इन आश्रमों में पलने वाले शिशुओं ने तो कभी कोई पाप नहीं किया। हम बड़े लोग तो पाप करने पर दण्ड प्राप्त कर सकते हैं। ये तो सर्वथा निष्पाप, निर्मल हैं। फिर··· ?''

प्रश्नकर्ता का आशय मां समझ गयीं। प्रश्न बड़ा ही जटिल तथा ईश्वर की न्यायप्रियता को एक चुनौती था। मां पहले तो कुछ देर गम्भीर हो गयीं, किन्तु फिर सहज भाव से बोलीं, ''यहीं तो वास्तविक सुन्दरता है। ये निष्पाप निरीह यदि कष्ट न सहते, तो पृथ्वी रसातल में धंस जाती। ये ही निष्पाप-निरीह हमारे लिए स्वयं समस्त पापों का दण्ड भोग रहे हैं। यह त्याग कितना महान् है, इसकी कल्पना भी नहीं की जा सकती। हम इनके कितने ऋणी हैं, इसका वर्णन नहीं किया जा सकता।''

भला ऐसी उदात्त कल्पना कर ही कौन सकता है; ये निष्पाप-शिशु अन्यथा क्यों कष्ट पाते। ये मानव मात्र के कल्याण के लिए अन्य लोगों के पापों को स्वयं अपने ऊपर ले लेते हैं।

समुद्र मन्थन के समय जब हलाहल (विष) निकला, तो तीनों लोक उसके प्रभाव से व्याकुल होने लगे। ऐसी दशा में भगवान् शिव से लोकों का यह कष्ट नहीं देखा गया। वह उस सारे विष को स्वयं पी गए। उन्होंने ऐसा क्यों किया, क्योंकि वह शिव हैं, अर्थात् कल्याण स्वरूप हैं। शिव अशिव होता हुआ कैसे देख सकते हैं। वह स्वयं कष्ट उठा सकते हैं, परन्तु विश्व को दुःखी नहीं देख सकते।

परदुःख कातरता की चरम सीमा ही शिव है। मां की दृष्टि में निरीह-निष्पाप शिशु समस्त मानव-समाज का कष्ट अपने ऊपर लेकर उसे कष्ट मुक्त करते हैं।

अर्थात्, कष्ट भोगने वाले निरीह शिशु शिव स्वरूप हैं। मां के इन विचारों से मां के हृदय की विराटता का सहज ही अनुमान लगाया जा सकता है।

जिन निरीह, निष्पाप शिशुओं को उनके माता-पिता विकलांग अथवा जड़ बुद्धि होने के कारण त्याग देते हैं, मां उन्हें शिव स्वरूप समझकर गले लगा लेती थीं।

□□

जैसी भावना होती है, वैसा ही फल भी मिलता है। मां को ईश्वर में दृढ़ आस्था थी। प्रत्येक दुःखी प्राणी उनके लिए यीशु का ही रूप था। मां उनका दुःख नहीं देख सकती थीं। उनके लिए भिक्षा मांगने में भी मां कोई हानि नहीं समझती थीं। एक बार मां यूं ही बैठी हुई थीं। तभी मालूम पड़ा कि शिशु भवन के कोष में एक भी पैसा नहीं है। तीन-चार सौ बच्चे भूखे रह जाते। मां अपने बच्चों के कष्ट की स्वप्न में भी कल्पना नहीं कर सकतीं थीं। मां ने तुरन्त शिशु भवन की बहिनों को भिक्षा मांगने का परामर्श दिया। परोपकार के लिए भिक्षा मांगने में मां कोई हानि नहीं समझती थीं।

उनके लिए ये बच्चे शिव का, यीशु का स्वरूप थे। यीशु के लिए भिक्षा मांगने में कैसा संकोच!

□□

मां को ईश्वर पर अगाध आस्था थी। उनके जीवन में घटी अनेक घटनाएं यह सोचने के लिए बाध्य कर देती हैं कि अवश्य ही कोई अदृश्य शक्ति उनका साथ दे रही थी। इसी प्रकार की एक घटना है कि एक बार सन्त जोजेफ का जन्म दिवस था। इस अवसर पर एक पादरी कुछ सहायता की अपेक्षा से मां के पास आए। मां के पास अपनी पूंजी थी ही क्या। उन्होंने अपना छोटा सा सन्दूक खोला, उसमें केवल एक रुपया था। वह रुपया उन्होंने पादरी महोदय को दे दिया। उसे देने में मां को बड़ा संकोच भी हो रहा था, किन्तु क्या करतीं, इससे अधिक उनके पास था भी नहीं। पादरी के चले जाने के बाद मां ने एक सिस्टर को बुलाया और उसे सामने मेज़ पर रखी सन्त जोज़ेफ की छोटी सी मूर्ति को खाली सन्दूक में रखने के लिए कहा। सिस्टर की समझ में कुछ भी न आया कि मां ऐसा क्यों कह रही थीं। वह पूछ बैठी—"मां, आज तो सन्त जोजेफ का जन्म दिवस है, फिर उनकी मूर्ति को सन्दूक में रख देना कहां तक उचित होगा?"

मां के चेहरे पर निश्च्छल मुस्कान फैल गयी, उन्होंने कहा—"हां, उचित है। सन्दूक में रुपये आ जाने पर सन्त जोज़ेफ को निकाल कर उचित स्थान पर रख देना।"

दूसरी प्रात: मां उठी ही थीं, वह जैसे ही बाहर निकलीं एक सिस्टर ने उनके हाथ में एक लिफाफा थमा दिया। मां ने लिफाफा खोला। उसमें एक सौ रुपये का नोट था। मुस्कराती हुई मां मनोविनोद के स्वर में बोलीं—"देखा, मैं कैसा जादू जानती हूं! कल फादर को एक रुपया दिया था, वही एक रुपया आज सौ गुना होकर लौट आया है। अब सन्त जोज़ेफ को सन्दूक में रखने की आवश्यकता नहीं है।"

इस प्रकार की घटनाएं अन्य किसी के साथ क्यों नहीं घटती थीं? इस प्रश्न के उत्तर में यही कहा जा सकता है कि जिसकी ईश्वर में अगाध आस्था हो, जो दीन-दुखियों में ईश्वर को देखे, वही ईश्वरीय सहायता पाने का अधिकारी भी है।

मां, के जीवन में एक नहीं, अनेक बार ऐसी घटनाएं हुईं, जिन्हें मां ईश्वर की कृपा ही समझती थीं। 1952-53 में एक बार रात के लगभग दस बजे इतना जोर का भूकम्प आया कि सारा कलकत्ता हिल गया। मिशनरीज़ ऑफ चैरीटीज़ का भवन भी इस भूकम्प से नहीं बच सका। इस प्रकार रात्रि में सहसा भवन को हिलते देख सिस्टर्स भयभीत हो उठीं। सभी भागकर मां के पास पहुंचीं, किन्तु मां तो मां थीं। उनका तो सब कुछ ईश्वर को समर्पित थी। मां ने उन सब को धैर्य बंधाया और बाहर न

जाने का परामर्श दिया। स्वयं हाथ में माला ली और प्रभु यीशु के चित्र के आगे खड़ी हो गयीं। उनकी आंखें बन्द थीं। कुछ देर में भूकम्प रुक गया। मां ने आंखें खोलीं।

"इस तरह भाग-दौड़ करने से क्या लाभ! यीशु यदि हमें संसार से ले लेना चाहते हैं, तो क्या भागने से हम बच जायेंगे?" मां ने कहा था।

मृत्यु को इतने सहज भाव से लेना हर किसी के लिए सम्भव नहीं है। कोई महामनीषी ही मृत्यु के भय से मुक्त रह सकता है।

□□

इसी प्रकार एक बार आगरा से मिशनरी ऑफ चैरिटी द्वारा उन्हें एक तार मिला। तार में उनसे आगरा में एक शिशु भवन बनाने के लिए पचास हजार रुपयों की मांग की गयी थी। मां के पास उस समय पैसों का सर्वथा अभाव था। मां इस कार्य में सहायता अवश्य देना चाहती थीं, किन्तु क्या करतीं! विवशता थी। अत: उन्होंने अपनी विवशता से उन्हें अवगत करा दिया। वह पत्र लिख चुकी थीं कि तभी उन्हें टेलीफोन द्वारा सूचना मिली कि उन्हें फिलीपाइन्स सरकार के मैगसेसे पुरस्कार के लिए चुना गया था। इस पुरस्कार में उन्हें पचास हजार रुपये दिए जाने थे। इससे मां को बड़ी प्रसन्नता हुई। यह प्रसन्नता पुरस्कार पाने की न थी, अपितु इसका कारण था उन्हें आगरा में शिशु भवन बनाने के लिए पचास हजार रुपये मिल गये थे। मां के मुंह से केवल इतना निकला कि भगवान आगरा में शिशु भवन बनवाना चाहते हैं।

मां का हृदय कितना विशाल था, दरिद्रों के लिए उनके हृदय में कितनी वेदना थी, इसका अनुमान उनके भारत में प्रथम अध्यापकीय जीवन में ही लग जाता है। मां मध्याह्न के अवकाश में पास की मोतीझील बस्ती में जातीं, वहां की दुर्दशा देख उनका हृदय करुणा से भर जाता। तब मां ने स्कूल के विद्यार्थियों से कहा था—"तुम लोग नित्य आधी छुट्टी के लिए खाना लाया करो। क्या तुम सप्ताह में एक बार का खाना सामने की बस्ती में अपने गरीब भाई-बहिनों को नहीं दे सकते?"

मां के इस कथन से सभी विद्यार्थी सहमत हो गए। यहां कुछ लोग यह भी आलोचना करेंगे कि दूसरों से दान कराने में कौन सी बड़ी बात है, किन्तु दूसरा और अपना यह भाव सामान्य लोगों के मन में हो सकता है। महान् विभूतियों के लिए तो सब अपने ही हैं। सभी भगवान का ही स्वरूप हैं। उन्होंने वही किया, जो उनसे हो सकता था, क्या किसी को किसी अच्छे कार्य के लिए प्रेरित करना कम है। ऐसा कार्य वही कर सकता है, जो समस्त मानव-समाज को एक दृष्टि से देखे।

मां ने निर्धनों की सेवा की और धनवानों को उनकी सेवा के लिए प्रेरित किया। मां के महान् व्यक्तित्व के प्रभाव से अभिजात्य वर्ग भी अभिभूत था। यह उनके व्यक्तित्व

का प्रभाव था कि विश्व के धनी परिवारों के लड़के-लड़कियां भी अपने मामूली जेब खर्च से पैसे बचाकर मां के पावन उद्देश्य में सहयोग देने के लिए भेजते रहते थे। मां के व्यक्तित्व के सामने कृपण-धनवानों का भी हृदय परिवर्तन हो जाता था।

विश्व भर के पर्यटक ऐतिहासिक और पुरातत्व के दर्शनीय स्थलों को देखने आते, तो कलकत्ता में मदर टेरेसा को भी देखना अपना पावन कर्तव्य समझते। यहां आकर वे कुछ न कुछ सहायता मां को अवश्य देते।

ऐसा क्यों होता था? मां न तो किसी पद पर आसीन थीं, न वह कोई जादू ही जानती थीं। हां, यह सत्य है कि मां किसी सत्ता पर आसीन नहीं थीं, फिर भी उनके व्यक्तित्व में एक अद्भुत जादू था। यह जादू था, उनकी सेवा-भावना का। उनकी अगाध ममता का। मानव-मात्र के प्रति उनके असीम प्रेम का।

सड़कों पर मरते हुए किसी रोगी को देख जहां सामान्य लोग नाक सिकोड़ने लगते हैं और दूर हट जाते हैं, वहां मां उन्हें गले लगा लेती थीं। उनका 'निर्मल हृदय' ऐसे मरणासन्न लोगों के लिए एक शरणस्थली बन चुका है। मां के व्यक्तित्व के प्रभाव से सड़े-गले अंगों वाले दुर्गन्धमय मरणासन्न रोगियों की सेवा में निर्मल हृदय की बहिनें सर्वतोभावेन समर्पित हो जाती हैं। इस सेवा में उन्हें एक दिव्य आनन्द की अनुभूति होती है, जिसका परिचय उनके चेहरों पर खेलती मुस्कान से सहज़ ही मिल जाता है। निर्मल हृदय की बहिनें ही नहीं, अपितु देश-विदेश के अनेक युवा भी इन मरणासन्न रोगियों की सेवा करने में अपने जीवन की सार्थकता समझते हैं। उन्हें ऐसे रोगियों की सेवा करने में किसी प्रकार की घृणा या कष्ट का अनुभव नहीं होता है, अपितु उन्हें अनुभव होता है कि वे भगवान की सेवा कर रहे हैं।

निःस्वार्थ भाव से की गयी सेवा ही सच्ची सेवा है। मां का भी यही कहना था— "यही तो दिन-रात हमारी संस्था की शक्ति के मूल में कार्य करता है। स्वयं का उनके ही चरण कमलों में समर्पण प्रेम का विश्वास, आनन्द यही हमारा मूलधन है। क्या धन से ही सेवा होती है? नहीं, केवल धन से ही सेवा नहीं होती। सेवामय हृदय चाहिए। अस्पताल के डाक्टर, नर्स भी सेवा करते हैं। उस सेवा में प्यार का स्पर्श भी है या नहीं, यही देखने योग्य बात है। प्यार की दुनिया में छल-धोखे के लिए कोई स्थान नहीं है। मुंह से नहीं कार्य से समझना होगा कि हम उन्हें (दुःखियों को) प्यार करते हैं। हृदय से हृदय की गहराइयों से। इसीलिए इनके पास सदा प्रसन्नचित्त जाना होगा। दुःखी मन से इनके पास जाने से ये लोग दुःखी हो जायेंगे, और अधिक टूट जाएंगे।"

"हमेशा उन्हें कुछ देना ही हो, ऐसी बात नहीं है। हम जो कुछ देते हैं, वे लोग वही चाहते हैं। अधिकतर लोग पाना चाहते हैं। इन पच्चीस वर्षों में लोगों से मिलकर हमें क्रमशः यह स्पष्ट हो गया है कि हमें कोई नहीं चाहता, ऐसी भावना ही सर्वाधिक

भयंकर रोग है। मानव-जीवन में इससे बढ़कर अन्य कोई अभिशाप नहीं हो सकता। आजकल कुष्ठ रोग सुसाध्य हो गया है। तपेदिक का उपचार हो जाता है, किन्तु मैं अवांच्छित हूं, मुझे कोई नहीं चाहता, ऐसा भयंकर रोग अन्य कोई है, यह मैं नहीं जानती। इस रोग को दूर करने के लिए एक ही दवा है और वह है प्यार।''

''हमारा यही उद्देश्य है—दरिद्रतम व्यक्ति को यीशु का रूप समझकर उसकी सेवा करना, उसे प्यार करना।''

मां की महानता का यही रहस्य था, दरिद्रतम के प्रति प्यार, सहानुभूति और ममता। मां के व्यक्तित्व के इन्हीं महनीय गुणों के कारण विश्व उनके प्रति श्रद्धानत था, इसीलिए मां विश्व हृदय की साम्राज्ञी थीं। उनके प्रति यह सम्मान किसी पद के कारण नहीं था।

□□

ब्रह्म को आनन्दस्वरूप कहा गया है। सबसे बड़ा आनन्द ब्रह्मानन्द है।

ब्रह्मज्ञानी जल में, थल में, नभ में, सब में, स्वयं में, प्रत्येक प्राणी में, कण-कण में ब्रह्म को ही देखता है। इस प्रकार वह आनन्दमय हो जाता है। वह समस्त सांसारिक कार्य करता है, संसार में रहता है, किन्तु कीचड़ में कमल के समान संसार से पृथक रहता है। विश्व उसे कार्य करता हुआ सांसारिकता में डूबा हुआ देखता है, किन्तु वह स्वयं ब्रह्म रूपी सागर के आनन्द में निमग्न रहता है। यह ब्रह्म का आनन्द है।

एक आनन्द साहित्य का; रस चर्वणा का आनन्द होता है। पाठक अथवा दर्शक साहित्य को पढ़ता अथवा अभिनय को देखता है। इससे उसे रस की अनुभूति होती है। इस आनन्द में वह रस के आनन्द से एकाकार हो जाता है, वह भूल जाता है कि मैं, मैं हूं, यह अभिनय हो रहा है, इससे मेरा कोई सम्बन्ध नहीं है। रस के अस्वाद में विभाव आदि का परिच्छेद समाप्त हो जाता है। यह रस का आनन्द है।

किन्तु मां को दरिद्रनारायण की सेवा में ही ब्रह्मानन्द अथवा साहित्य के इस रस की अनुभूति होती थी। मां के निम्नलिखित विचारों की इन दोनों आनन्दों से तुलना करें—

''वे वही तो प्राप्त करना चाहती हैं, भगवान को सब कुछ देकर। वे (मां की सहयोगी संन्यासिन बहिनें) अच्छी तरह से जानती हैं कि यीशु कभी नंगे, भूखे, कभी निराश्रय, तरह-तरह के वेशों में हमारे सामने आते हैं। हम इसी प्रकार यीशु की सेवा करती हैं, प्यार करती हैं। बहिनें भी अच्छी तरह समझती हैं, इसीलिए वे प्रसन्न रहती हैं। वे इतने समय तक जिस वस्तु को खोज रही थीं, वह उनकी मुट्ठी में आ जाने से वे प्रसन्न हैं। यह तो अनुभव करने की वस्तु है। बलपूर्वक अथवा रुपयों-पैसों से यह प्रसन्नता प्राप्त नहीं होती। यह तो हृदय की गहराइयों से प्राप्त होती है।''

"यदि हम कार्य को अपने धर्मचक्षुओं से देखें तो स्वाभाविक है, हमें यही लगेगा कि हम कुछ भी नहीं कर सकेंगे, किन्तु, जब हम इसे यीशु का कार्य समझ लेते हैं, तब फिर किसी प्रकार की रुकावट, बाधा नहीं आएगी। यही कारण है कि यह कार्य कर पाना सम्भव हुआ है। हम पूरी तरह निश्चिन्त हैं कि यीशु ही हम से सब कार्य करवा लेते हैं। दरिद्रों के लिए जो कुछ हो पाता है, वह यीशु की इच्छा से ही होता है।"

"इसे छोड़कर हम कुछ नहीं कर सकते। यीशु की मूर्ति के आगे घुटने टेककर प्रार्थना करते समय हम दरिद्रों के दु:ख और कष्टों के चित्र देख सकते हैं। सब कुछ हमारे मन के पटल पर साकार हो उठता है। वहां बैठकर हम अनुभव कर सकते हैं। यह दु:ख कष्ट ही महान से महान प्रेम के राज्य में प्रवेश करने का वृहत्तर मार्ग है।"

"विश्वास नामक वस्तु भगवान का वरदान है। इसके अभाव में जीवन नहीं चल सकता। ईश्वर के प्रति समर्पित कार्य तभी सार्थक होगा, जब सब कुछ प्रबल विश्वास से पैदा होगा। आखिर क्यों? यीशु ने ही तो कहा है, "मैं भूख से व्याकुल हूं, मैं रोगी हूं, मैं नंगा तथा बेघर हूं। तुम मुझे ऐसा ही समझकर मेरी सेवा करो। इन सब बातों को दृष्टि में रखकर ही हमें अपमा मार्ग निश्चित करना होता है।"

"विश्वास के अभाव के कारण ही आज अधिकांश लोग स्वार्थपरायणता और व्यक्तिगत लाभ-हानि को लेकर स्वयं में ही मग्न हैं। बिना किसी कुण्ठा से किया गया प्रेम न होने पर विश्वास उत्पन्न नहीं होता। प्रेम और विश्वास परस्पर पर्यायवाची न होने पर भी इन दोनों की गति एक ही है। दोनों परस्पर पूरक हैं।"

"लोगों के साथ मिलना-जुलना होगा। उन्हें समझाना होगा। मनुष्य में ही ईश्वर विद्यमान है। 'सीमा के भीतर असीम' की तरह मानव में ही सर्वशक्तिमान ईश्वर नये-नये रूपों में प्रकाशित होता है। हम यीशु को देख नहीं सकते, हम उन्हें प्रत्यक्ष रूप में अपने प्यार का परिचय नहीं दे सकते, किन्तु अपने पड़ोसियों को सदा देख सकते हैं। यीशु को देखकर हम जो कुछ करते, वही हम अपने पड़ोसियों को यीशु समझकर कर सकते हैं। इस सेवा-कार्य में प्रत्येक पग पर कष्टों की आशंका रहती है। हमें यह सदा याद रखना होगा कि हम जो कुछ भी करें सब उनके लिए करें। हर बस्ती में, जीर्ण झोंपड़ियों में जो समय व्यतीत कर रहे हैं—भूखे, तिरस्कृत, वे भी हमारी ही तरह सुख-दु:ख से बने मानव हैं। इस तथ्य को हम कभी न भूलें। दरिद्र की उपेक्षा करने में केवल अपने 'अहं' की तुष्टि के सिवाय कोई बड़ी बात नहीं है। फिर यदि ये सभी लोग दरिद्रों के प्रति अपने कर्तव्यों का निर्वाह करें, तो संसार का स्वरूप ही दूसरा हो जाए।"

"सबसे पहले हम इन्हें (मरणासन्न रोगियों को), यह बताना चाहते हैं कि इन्हें

प्यार करने वाले लोग भी इस दुनिया में विद्यमान हैं। मृत्यु तो अपरिहार्य है, मृत्यु के समक्ष जाने से पहले इन्हें थोड़े स्नेह का स्पर्श मिल सके, यही इन्हें यहां लाने की सार्थकता है।''

□

सुख की कामना प्राणिमात्र का एक नैसर्गिक गुण है। प्रत्येक प्राणी सुखी रहना चाहता है।

यह स्वाभाविक है और उचित भी।

योगी ब्रह्म की प्राप्ति से आनन्दित होता है। हठयोग में शरीर को अनेक प्रकार के कष्ट दिए जाते हैं। इससे हठयोगी के शरीर को भले ही कष्ट होता हो, किन्तु उसकी आत्मा को अपूर्व सन्तोष प्राप्त होता है। इस कष्ट के पीछे आनन्द प्राप्ति, परम आनन्द-ब्रह्मानन्द की प्राप्ति की भावना निहित है। बड़े सुख के लिए छोटे सुख का बलिदान कर दिया जाता है।

साहित्य का रसिक रस चर्वण से आनन्द प्राप्त करता है।

मां की इस साधना का उद्देश्य भी आनन्द की ही प्राप्ति था, किन्तु उनका आनन्द साधारण मनुष्यों के आनन्द से भिन्न था।

उन्हें दरिद्रों, दु:खियों, निराश्रयों-पीड़ितों की सेवा में ही आनन्द मिलता था।

वह सबके सुख में ही अपना सुख निहित समझती थीं। यह सुख की; आनन्द की एक दैवी भावना है। इसे सात्त्विक सुख कहा जा सकता है।

तीसरे प्रकार के व्यक्ति स्वयं में ही मग्न रहने वाले होते हैं; उन्हें किसी अन्य के सुख-दु:ख से कुछ लेना-देना नहीं होता है। वे सदा तटस्थ भाव से रहते हैं। स्वयं आनन्द प्राप्त करना ही उनका लक्ष्य होता है। ऐसे आनन्द को पशुओं का आनन्द कहा जा सकता है। जैसे सभी पशु अपने-अपने उदर पोषण की चिन्ता में लगे रहते हैं।

इनमें किस आनन्द को सर्वोत्तम कहा जा सकता है? ब्रह्मानन्द के विषय में हम कुछ नहीं कह सकते, क्योंकि उसका अनुभव योगी ही कर सकते हैं। अन्य आनन्दों में मां टेरेसा की श्रेणी का आनन्द ही सर्वश्रेष्ठ कहा जाएगा, क्योंकि उसमें परदु:ख कातरता का भाव निहित है, उसमें समष्टि के कल्याण की भावना निहित है, अन्य आनन्द स्वयं के लिए हैं।

मां के हृदय की यही विराट्ता और उदारता उन्हें एक लोकोत्तर व्यक्तित्व सिद्ध करती हैं।

मां के व्यक्तित्व का सभी सम्मान करते थे; देश में ही नहीं विदेशों में भी। भारत के अनेक राजनेता मां के प्रशंसक रहे। स्व. इन्दिरा गांधी भी मां का बड़ा सम्मान करती थीं। उनके आवास में उगाई जाने वाली सब्जियां प्राय: दिल्ली स्थित 'मिशनरीज़

ऑफ चैरिटीज़ में' भेजी जाती थीं, किन्तु वहीं समाज में कुछ भिन्न प्रवृत्ति के लोग भी होते हैं। ऐसे ही लोगों को कहा जाता है 'जो देवताओं के प्रसाद में से भी अपना हिस्सा पहले ही रख लेते हैं।' एक बार विदेशों से दरिद्रों-पीड़ितों के लिए कुछ कम्बल 'मिशनरीज़ ऑफ चैरिटीज़' के पास आये थे। दिल्ली के एक मन्त्री ने इस संस्था के संबन्धित वरिष्ठ अधिकारी के पास एक सूचना भेजी कि विदेशों से सहायता के रूप में प्राप्त कम्बलों में से चार कम्बल उनके ड्राइवर को दे दिये जाएं।

इससे हमारे राजनेताओं के चरित्र के एक विशेष गुण का परिचय मिलता है। मिशनरी के उक्त अधिकारी ने मन्त्री महोदय के पत्र के ही पीछे लिख दिया कि ये कम्बल दु:खियों-पीड़ितों की सहायता के लिए हैं।

□□

मां की उदारता के कई रूप थे। एक बार मिशनरीज़ ऑफ चरिटीज़ की एक सिस्टर एण्ड्रियस एम.बी.बी.एस. की अन्तिम वर्ष की परीक्षा में सर्वप्रथम आयी, जिसके कारण उन्हें स्वर्ण पदक से सम्मानित किया गया। इससे वह स्वाभाविक रूप में बड़ी प्रसन्न थी। वह मां के पास आई और मां को इस विषय में अवगत कराया। कदाचित् वह सोच रही होगी कि मां उसके कार्य की सराहना करेंगी और उसे बधाई देंगी, किन्तु मां ने कहा, "सिस्टर! यह स्वर्ण-पदक तुम्हारे किस काम का है?"

"मैंने तो इस विषय में कुछ विचार ही नहीं किया।" सिस्टर एण्ड्रियस ने कहा।

"तुम्हें इस विषय में सोचना ही होगा। यह स्वर्ण-पदक तुम्हारे किसी काम का नहीं; निरर्थक है तुम्हारे लिए, क्योंकि तुम्हें प्रेक्टिस करने के लिए कहीं बाहर तो जाना नहीं है और न ही तुम अपने नाम के आगे एम.बी.बी.एस. (गोल्ड मेडलिस्ट) लिखोगी। तुम तो निर्धनों-दु:खियों के बीच कार्य करोगी! ऐसे लोगों के लिए वह सब लिखने का कोई महत्व नहीं है। कोई अन्य इस स्वर्ण-पदक को ले सकता है। जाओ, सम्बन्धित अधिकारी से कह दो कि यह पदक तुम्हारे किसी भी काम का नहीं है।"

सिस्टर एण्ड्रियस ने सहर्ष मां का आदेश स्वीकार कर लिया और वह स्वर्ण-पदक वापस कर दिया। इसके बाद वह पदक परीक्षा में द्वितीय स्थान प्राप्त करने वाले छात्र को दे दिया गया।

वस्तुत: मां के लिए सांसारिक मान-सम्मान, पद-प्रतिष्ठा, सब अर्थहीन थे और हों भी क्यों नहीं, जिसने अपना सब कुछ मानवता की सेवा के लिए बलिदान कर दिया हो, उसे इन सबसे क्या लेना। मां की सभी सहयोगी बहिनें भी उन्हीं के आदर्शों पर चलती हैं।

नि:स्वार्थ सेवा।

प्रचार-प्रसार एवं आत्मप्रशंसा से दूर।

पीड़ितों की सेवा को ही ईश्वर की सेवा समझना।

प्रत्येक दु:खी व्यक्ति में प्रभु के दर्शन करना।

यही सब उनके जीवन के मूल-मन्त्र हैं। इन्हीं मन्त्रों की साधना उनके जीवन का उद्देश्य है।

जिसके ऐसे उदारता से परिपूर्ण जीवन-उद्देश्य हों, उसके लिए मान-सम्मान, पद-प्रतिष्ठा, प्रचार-प्रशंसा आदि का क्या महत्व रह जाता है!

जो आनन्द के सागर को; अमृत के उत्स को प्राप्त कर ले। वह क्षणभंगुर संसार के सुखों में क्या आस्था रखेगा?

पीछे शान्तिनगर के प्रसंग में उल्लेख हो ही चुका है कि मां ने कुष्ठ रोगियों के लिए किस प्रकार अपनी उदारता का परिचय दिया। सामान्य व्यक्ति जिन कुष्ठ रोगियों का स्पर्श करने से भी हिचकते हैं, मां ने उनकी सेवा के लिए कितने महान् कार्य किये, जब उन्हें 1964 में पोप षष्ठ पाल ने भारत से लौटते समय अपनी लिंकन गाड़ी भेंट की तो मां ने उस गाड़ी को भी कुष्ठ रोगियों के कल्याण के लिए दान कर दिया। उस गाड़ी की लाटरी निकाली गयी और उससे प्राप्त सभी रुपये शान्ति नगर की स्थापना के लिए दे दिये।

सन् 1971 में मां को पोप जॉन शान्ति पुरस्कार प्राप्त हुआ। इस पुरस्कार में प्राप्त साढ़े इक्कीस हजार डालर की धनराशि भी मां ने इसी पुनीत कार्य में व्यय कर दी। क्या इस प्रकार की निर्लिप्तता की किसी सामान्य मनुष्य से अपेक्षा की जा सकती है!

□□

शिशु भवन में मां की ममता साकार रूप में सामने आती है। यहां कई शिशु ऐसे हैं, जिन्होंने यहीं आकर आंखें खोलीं, होश सम्हाला और यहीं उन्हें अक्षर-बोध हुआ। यहीं उन्होंने घुटनों के बल चलना सीखा और फिर बड़े होकर अपने पांवों पर खड़े हुए और अपनी गृहस्थी बसायी।

मां गर्भस्थ शिशुओं की हत्या अथवा गर्भसमापन का भी समर्थन नहीं करती थीं, यद्यपि आज गर्भसमापन क़ानून की दृष्टि में वैध है, तथापि इस कार्य के विषय में सुनते ही मां का हृदय चीत्कार कर उठता था, मानो वह गर्भस्थ शिशु कह रहा हो, "मैं सर्वथा निरीह और निर्दोष हूं, फिर मुझे यह किस अपराध का दण्ड दिया जा रहा है; मुझसे मेरे जीवित रहने का अधिकार क्यों छीना जा रहा है?"

मां इस समस्या के समाधान के लिए सर्वप्रथम आत्मसंयम को आवश्यक समझती

थीं। अन्ततः उनका कथन था–

"I am fighting abortion with adoption."

एक बार बड़े दिन की बात है। सभी लोग उत्सव मना रहे थे, किन्तु शिशु भवन का खजाना उस दिन पूरी तरह खाली पड़ा था। उत्सव मनाने की कोई भी सम्भावना न थी। सभी लोगों के चेहरे मुर्झाये थे। उनकी चिन्ता का कारण ये बच्चे थे, जिन्हें जीवन में कोई सुख नहीं मिला था। क्या ये इस पावन दिन भी दु:खी ही रह जाएंगे? सभी इसी चिन्ता में डूबे थे।

उसी समय एक सुन्दर युवती शिशु भवन पहुंची। भवन की बहिनें उससे कुछ पूछतीं, इससे पहले वह स्वयं बोल पड़ी, "आज इस बड़े दिन के शुभ अवसर पर शिशु भवन का समस्त व्यय मुझे वहन करने दें।"

कहने की आवश्यकता नहीं कि सभी के मुर्झाए चेहरे खिल उठे और बड़ा दिन धूमधाम से मनाया गया।

शिशु भवन ही क्या, मां की किसी भी संस्था के पास आय का कोई निश्चित स्रोत नहीं है, अत: प्राय: सभी संस्थाओं को अर्थाभाव का सामना करना पड़ता है। एक बार इसी समस्या के कारण शिशु भवन के लिए दूध नहीं खरीदा जा सका। कोई भी कुछ निश्चित नहीं कर पा रहा था। सन्ध्या के समय एक भद्रपुरुष शिशु भवन आये और बिना किसी भूमिका के बहिनों से बोले, "ये थोड़े से रुपये हैं, इन बच्चों के लिए। इन्हें ग्रहण करें तो मुझे बड़ी प्रसन्नता होगी। मैं स्वयं को धन्य समझूंगा।"

इतना कहते हुए उन्होंने एक हजार रुपये बहिनों के हाथ में रख दिये।

क्या इस प्रकार की घटनाओं को केवल एक संयोग कहेंगे? अथवा इनके पीछे कोई दैवी प्रेरणा कार्य करती है?

अनेक सम्पन्न परिवारों के लोग बड़े दिन के शुभ अवसर पर होटलों अथवा क्लबों में न जाकर मां द्वारा स्थापित इन संस्थाओं में जाना सार्थक समझते हैं।

मां को अपने शरीर की कभी कोई चिन्ता नहीं रहती थी। दूसरों का दु:ख उनसे नहीं देखा जाता था। अपने कार्य के आरम्भ के दिनों में एक रात्रि में वह भीगी हुई घर पहुंचीं। उन दिनों वह माइकल गोमेज़ के घर पर रहती थीं। उन्हें इस दशा में देखकर माइकल गोमेज़ की पत्नी बोलीं, "आप सब लोग तो भीग गये हैं।"

तब मां बोलीं, "मैं बस्ती में जो दृश्य देखकर आयी हूं, उसके सामने हमारा भीगना कुछ भी नहीं है।"

मां ने जो दृश्य देखा था, उसके विषय में ज्ञात हुआ कि एक महिला अपने बच्चे के साथ किराये के छप्पर तले रहती थी। वह दो महीने का किराया आठ रुपये नहीं दे पायी, तो छप्पर के स्वामी ने उसकी छत तुड़वा दी थी। उस महिला का बच्चा

बुख़ार से तप रहा था। कमरे में घुटनों तक पानी भरा हुआ था। बुख़ार से तपते हुए बच्चे को गोद में लेकर महिला उसके सिर के ऊपर एक बर्तन औंधा रखकर उसे भीगने से बचाने का असफल प्रयास कर रही थी। इस घटना को देख मां का हृदय चीत्कार कर उठा था। मां उसी समय बस्ती में गयीं और उस महिला को अपने निवास स्थान पर ले आयीं।

परदु:ख कातर मां अपने शरीर की कोई चिन्ता नहीं करती थीं। अपने शरीर की उन्हें कोई परवाह नहीं थी। अपने कार्यकाल के प्रारम्भिक दिनों में जब वह थक कर चूर हो जाती थीं, तो उनकी सहयोगिनें उन्हें बाध्य करके सुलाती थीं।

एक बार उनका शरीर बहुत दुर्बल हो गया था। इससे बहिनें बड़ी चिन्तित हो गयी थीं, किन्तु मां फिर भी आराम करने के लिए सहमत न थीं, तब बहिनों ने उन्हें नर्सिंग होम में भर्ती होने के लिए बाध्य किया।

मां की इसी सेवा-भावना का आदर्श अपने सामने रखकर उनकी सहयोगी बहिनें भी अपने कष्टों को सहती हुईं भी सदा हँसती रहती हैं। उनका यही कहना होता है कि 'जब हम किसी रोगी की सेवा करती हैं, तो हमें लगता है कि हम भगवान की सेवा कर रहीं हैं। जब हम किसी मरणासन्न रोगी को अपने हाथों से खाना खिलाती हैं, तो हमें लगता है कि हम यह खाना यीशु को खिला रही हैं।' इस कार्य में हमें जो आनन्द प्राप्त होता है, उसे व्यक्त नहीं किया जा सकता।

एक बार एक मरणासन्न व्यक्ति कूड़े के ढेर में पड़ा था। मां उसे वहां से निकालने का प्रयत्न कर रही थीं। बदबू भरे कूड़े के ढेर से उसे निकाल पाना मां के लिए सम्भव नहीं हो रहा था, तभी एक युवक जो कलकत्ता विश्वविद्यालय में एम.ए. का विद्यार्थी था, वहां से गुज़रा। मां ने उस युवक से इस कार्य में सहायता करने का अनुरोध किया। सामान्य व्यक्तियों की तरह वह युवक भी ऐसे कार्य की कल्पना नहीं कर सकता था। उसने मां के मुख की ओर देखा, किन्तु न जाने मां के मुख में क्या विशेषता थी कि वह स्वयं ही आगे बढ़ गया और मां के कार्य से हाथ बंटाने लगा। एम्बुलेंस बुलायी गयी। वह मां के साथ उस रोगी को लेकर मुमूर्षु आश्रम गया। उसने उस रोगी के उपचार में भी हाथ बंटाया। उसे यह सब एक अलौकिक जगत के कार्य जैसा लगा।

अपनी इन्हीं सब महानताओं के कारण मां श्रद्धा की पात्र बन गयी थीं। कार्य के आरम्भ से दो वर्षों के भीतर ही उन्होंने अपने कार्यों का जो विस्तार किया, ऐसा कार्य सभी प्रकार के साधन प्राप्त होने पर भी सम्भव नहीं होता।

नीले किनारे की सफेद धोती, प्राय: 5 फीट की ऊंचाई, केवल शरीर का रंग छोड़कर और सब भारतीय। यही तो बाह्य रूप था मां का, किन्तु उनके हृदय की थाह कौन पा सकता था। मां अपने समस्त कार्यों को यीशु के प्रति समर्पित मानती थीं।

उन्होंने धर्म की सभी कट्टरताओं से मुक्ति पा ली थी और एक नये धर्म को अपना आदर्श बना लिया था। यह धर्म था—दीन-दु:खियों, दरिद्रों, निराश्रितों, असहायों और अबलाओं की सेवा करना। इसी धर्म के पालन में उन्हें असीम सन्तोष प्राप्त होता था।

□□

भारत आने पर मां पहले दार्जिलिंग भेज दीं गयीं। वहां उन्होंने लोरेटो कान्वेण्ट में अध्यापन किया, किन्तु शीघ्र ही उन्हें कलकत्ता आना पड़ा।

कलकत्ता में सियालदह स्टेशन के पृष्ठ भाग में लोरेटो कान्वेण्ट के ही परिसर में सेण्ट मेरी स्कूल भी स्थित है। मां इन दोनों शिक्षा संस्थाओं से जुड़ी रहीं।

इण्टाली के इस लोरेटो कान्वेंट की अधिकतर छात्राएं निराश्रित, परित्यक्ताएं आदि ही हैं। इनमें प्रत्येक धर्म एवं सम्प्रदाय की छात्राएं हैं।

सेण्ट मेरी स्कूल सम्भ्रान्त वर्ग की बालिकाओं के लिए है। जिस समय माँ इस स्कूल में अध्यापिका बनकर आयीं, वह मेरी टेरेसा थीं; माँ टेरेसा नहीं बनी थीं।

कुछ कालपर्यन्त अध्यापिका रहने के बाद माँ इस स्कूल की अध्यक्षा भी रहीं।

इस शिक्षा संस्था से वह सन् 1929 से 1948 तक सम्बद्ध रहीं। इसके बाद माँ ने शिक्षिका जीवन से मुक्ति ले ली और दरिद्रनारायण की सेवा के लिए कार्य क्षेत्र में उतर पड़ीं।

सन् 1946 में दार्जिलिंग जाते समय माँ को ईश्वरीय आदेश की प्राप्ति हुई, अत: उनका दरिद्रों की सेवा करने का निर्णय जीवन का एक महान् निर्णय था।

अपने इस निर्णय के विषय में उन्होंने कलकत्ता के आर्क बिशप को अवगत कराया और उनसे दरिद्रनारायण की सेवा के लिए कार्य करने की अनुमति मांगी। इस अनुमति के मिल जाने पर रोम से भी अनुमति लेना आवश्यक था। संन्यासिनों को यह अनुमति रोम के लोरेटो की संन्यासिनों की मदर जनरल देती हैं। माँ ने दरिद्रों की सेवा का व्रत लिया था, अत: उन्हें यह अनुमति सर्वोच्च धर्माधिकारी, धर्मगुरु पोप से लेनी पड़ी। उस समय पोप पाल द्वादश इस पद पर आसीन थे। माँ ने समस्त विवरण पोप को लिख भेजा।

पोप की अनुमति भी शीघ्र ही 12 अप्रैल, 1948 को प्राप्त हो गयी। पोप ने उन्हें इस कार्य के लिए अनुमति देते हुए लिखा था कि वह कलकत्ता के आर्क बिशप के अधीन रहकर कार्य करें।

माँ ने पोप को भेजे पत्र में लिखा था, "भगवान मुझे अपना सर्वस्व त्यागकर बस्तियों में दरिद्रतम एवं उपेक्षितों की सेवा के लिए बार-बार आवाज़ दे रहे हैं। वह कह रहे हैं कि दरिद्रों की सेवा ही उनकी सच्ची पूजा है।"

बस पोप की अनुमति प्राप्त होते ही माँ ने अपने पूर्व जीवन से मुक्ति पा ली।

यहां से पहले वह पटना पहुंची, जहां उन्होंने अमेरिकन मिशनरी की नर्सों से नर्सिंग का प्रशिक्षण प्राप्त किया। इसके बाद वह पुनः कलकत्ता लौट आयीं।

सर्वस्व त्यागी माँ ने कलकत्ता में 'करतल भिक्षा तरुतलवास:' का सिद्धान्त अपनाया और दुखियों की सेवा का कार्य आरम्भ कर दिया।

पहले वह नितान्त अकेली कर्मक्षेत्र में उतरीं, फिर कुछ सहयोगिनें मिलीं, जो स्वयं भी माँ के ही समान सर्वत्यागी थीं।

धीरे-धीरे माँ की ममता से प्रभावित होकर लोगों ने उनकी महत्ता को स्वीकार किया। आज भारत के अनेक नगरों सहित विश्व के अनेक देशों में माँ द्वारा स्थापित संस्थाएं पीड़ितों-असहायों की सेवा कर रही हैं।

इस अदभुत संन्यासिनी की ममता आज अनेक रूपों में पल्लवित होकर विश्व भर में मानवता का प्रकाश बिखेर रही है।

□□

ऐसा कठोर व्रत लेते समय माँ की अवस्था केवल पैंतीस वर्ष थी। जीवन के ऐसे निर्णायक पग उठाने के लिए इसे कोई अधिक या उचित अवस्था नहीं कहा जा सकता।

माँ दरिद्रों की सेवा का संकल्प ले चुकी थीं, जिसके लिए उन्हें कलकत्ता के आर्क बिशप के साथ ही सर्वोच्च धर्माधिकारी पोप की भी अनुमति मिल गयी थी।

कदाचित् उनकी कम अवस्था को देखते हुए अथवा फिर इतना बड़ा निर्णय और इस मार्ग में आने वाली कठिनाइयों को देख पोप ने यह भी समझा होगा कि सम्भवतः वह (माँ टेरेसा) कुछ काल बाद अपना निर्णय वापस ले लें या कठिनाइयों से विचलित होने अथवा किन्हीं अन्य कारणों से उन्हें इस कार्य में असफलता ही हाथ लगे, अतः पोप ने अनुमति तो दे दी; साथ ही यह भी स्पष्ट कर दिया कि यदि वह अपने कार्य में असफल रहें, तो पुनः लोरेटो लौट आएं।

पोप की यह आशंका निर्मूल सिद्ध हुई। माँ को ईश्वरीय आदेश प्राप्त हुआ था।

वह दृढ़ निश्चय कर चुकी थीं।

उनकी अवस्था कम थी।

वह शरीर से भी अधिक हृष्ट-पुष्ट नहीं थीं, किन्तु उनका आत्मबल—इच्छा शक्ति और दृढ़ निश्चय हिमालय से भी ऊंचे थे।

इसीलिए अनेक कठिनाइयाँ आने पर भी माँ अपने मार्ग से—अपने लक्ष्य से विचलित नहीं हुईं या यों कहा जा सकता है कि कठिनाइयाँ और बाधाएं मँ की अदम्य संकल्प-शक्ति से पराजित हो गयीं।

माँ ने धर्माधिकारियों की आशंका का कोई उत्तर नहीं दिया। वह चल पड़ीं— अपने महानतम लक्ष्य को प्राप्त करने के लिए। समय आया! माँ सेवा धर्म के शिखर पर जा पहुंचीं। उन्होंने किसी से कुछ नहीं कहा, किन्तु उनके मानवतापूर्ण कार्यों ने उनकी महानता का परिचय स्वयं दे दिया। माँ अनेक मानवीय गुणों की प्रतीक बन गयीं।

इस प्रकार की दिव्य अनुभूति केवल स्वच्छ-निष्कलुष आत्माओं को ही होती है। जिस समय इस दिव्य अनुभूति के कारण माँ ने अध्यापकीय जीवन से अवकाश ले लेने का निर्णय लिया और उन्हें रोम से भी अनुमति मिल गयी, तो उन्हें अपना आदर्श समझने वाली छात्राओं को अत्यन्त दु:ख हुआ। इन्हीं छात्राओं में एक सुभाषिणी दास थीं, जो कालान्तर में माँ की प्रमुख सहयोगिनी सिस्टर अग्नेस बनीं। सुभाषिणी दास को माँ के त्यागपत्र देने के विषय में ज्ञान हुआ। यह सूचना उन्हें फादर हेनरी ने दी। उन्होंने कहा, ''मेरी टेरेसा को रोम से विशेष अनुमति मिल गयी है। ईश्वर के आह्वान पर उन्हें स्वयं को निर्धनों की सेवा के प्रति समर्पित करना होगा।''

''आखिर उन्हें ही ईश्वरीय आदेश क्यों प्राप्त हुआ? और संन्यासिनें भी तो हैं!'' छात्रा ने पूछा।

''किसी को इस मार्ग पर बलपूर्वक नहीं लगाया जा सकता। यह तो भगवान् का आह्वान है। आह्वान पर जाना ही होगा। भगवान का आदेश मिले बिना इस कार्य के लिए तत्पर होना, इस मार्ग पर उतरना सम्भव नहीं है।''

वस्तुत: फादर हेनरी के ये शब्द अक्षरश: सत्य हैं। बिना ईश्वरीय आदेश के इस कठिनतम मार्ग का वरण करना कठिन है। बिना ईश्वरीय अनुभूति के इस मार्ग पर उतरने की कोई कल्पना भी नहीं कर सकता।

ईश्वर ने माँ टेरेसा को ही दरिद्रों की सेवा के योग्य समझा, इसीलिए उन्हें यह दैवी आदेश प्राप्त हुआ।

इसके बाद आरम्भ हुआ माँ का कर्म क्षेत्र!

एक बहुत बड़ी साधना का प्रारम्भ!

ऐसी साधना जिसकी सामान्य मनुष्य कल्पना भी नहीं कर सकते।

माँ अपनी इस साधना में सफल रहीं, उन्हें सिद्धि प्राप्त हुई। साधना में कठिनाइयाँ तो आती हैं। सिद्धि सदा विघ्नों से आच्छादित रहती है। माँ की इसी साधना के परिणामस्वरूप आज अनेक अनाथ, दु:खी, पीड़ित, आदि एक नया जीवन जी रहे हैं।

माँ के हृदय की विशालता तथा उनकी भावी उन्नति का परिचय उनके बाल्यजीवन पर दृष्टि डालते ही मिलने लगता है। पिता की मृत्यु और विश्व युद्ध की विभीषिका का बालिका अग्नेस गोनाक्सा बेजाक्सिउ के मन पर गहरा प्रभाव पड़ा। इसके बाद

अपने विद्यार्थी जीवन में वह आयरलैण्ड के लोरेटो मठ की संन्यासियों के सम्पर्क में आयीं।

उनके स्कूल के 'प्रीस्ट' विद्यार्थियों को उपासना इत्यादि के विषय में बताते थे। यहाँ उन्हें पहली बार ज्ञात हुआ कि दुःखियों, पीड़ितों की सेवा ही जीवन का सबसे बड़ा कार्य है। मिशनरी द्वारा भेजे गये भारत विषयक वर्णनों से उन्हें भारत में सेवा कार्य करने की इच्छा हुई और वह बंगाल मिशन में जाने के लिए तत्पर हो गयीं। सन् 1929 में माँ को भारत भेजा गया।

1931 ई० में माँ ने सेवा-धर्म का संकल्प लिया और 1937 ई० में इस संकल्प को अन्तिम रूप दिया।

यद्यपि प्रारम्भ में संन्यासिनी बनने की माँ की कोई इच्छा न थी, किन्तु किशोरावस्था व्यतीत होते ही उन्हें अनुभव हुआ कि यही जीवन उनके लिए अभीष्ट रहेगा।

भारत आने पर वह कलकत्ता के इण्टाली स्थित सेण्ट मेरी हाई स्कूल में अध्यापिका बनीं। इसके साथ ही वह लोरेटो स्कूल से भी सम्बद्ध रहीं। यहाँ उन्होंने पहले बंगला सीखी और फिर बंगला विभाग से सम्बद्ध रहीं।

सन् 1946 ई० में दार्जिलिंग जाते समय उन्हें अन्तःकरण में ईश्वरीय आदेश की अनुभूति हुई। उन्हें लगा कि ईश्वर उनसे कह रहा है, "यह तुम कहां उलझ गयी हो? यह तुम्हारा मार्ग नहीं। मेरा अनुसरण करो; मेरी सेवा करो। प्रत्येक बस्ती में जाओ वहां हर दुःखी की, पीड़ित की, दरिद्र की सेवा करो। इसी से तुम मेरी सेवा करोगी।"

यही अनुभूति माँ के जीवन की सर्वाधिक महत्त्वपूर्ण घटना थी। इसी ने कालान्तर में उन्हें मां टेरेसा बना दिया।

इस घटना के बाद माँ टेरेसा ने अपने अध्यापकीय जीवन से विदा ले ली। वह कर्मक्षेत्र में उतर पड़ीं। यहां से पहले वह नर्सिंग का प्रशिक्षण लेने पटना गयीं, क्योंकि दुःखियों की सेवा के लिए सर्वप्रथम यही ज्ञान आवश्यक था।

पटना से प्रशिक्षण लेकर वह पुनः कलकत्ता लौट आयीं। इस समय उनकी अवस्था एक ऐसे साधक के समान थी, जिसके पास कुछ भी नहीं होता, सर्वथा धरती का बिछौना और ऊपर नीले अम्बर की छत, पल्ले में कुछ न होने पर भी माँ असाध्य की साधना में तत्पर हो गयीं।

फिर न जाने उन्हें कितनी कठिनाइयों का सामना करना पड़ा, इसे माँ के अतिरिक्त कोई भी नहीं जानता और न ही वह अपनी कठिनाइयों के विषय में किसी को कुछ बताती थीं। हां, जिन्होंने उन्हें निकट से कार्य करते हुए देखा, उन्हें इन कठिनाइयों का कुछ ज्ञान हो सकता है। फिर भी किसी की कठिनाइयों को देखने मात्र से उस अनुभूति का वर्णन नहीं किया जा सकता, किन्तु माँ को इन कठिनाइयों का सामना करने पर

उन्हें सदा ही इनमें प्रभु के दर्शन हुए।

प्रारम्भ में माइकल गोमेज़ के घर आवास पाना, दीन-दु:खियों की सेवा के लिए निकल पड़ना, निराश्रय विकलांग बच्चों को गले लगाना, मरणासन्न व्यक्तियों के लिए मुमूर्षु आश्रम, निर्मल हृदय की स्थापना, अनाथ परित्यक्त बच्चों के लिए निर्मल शिशु भवन इत्यादि मां की इसी अनथक साधना के परिणाम हैं।

□□

माँ को ईश्वर पर अगाध आस्था थी। वह क्षुद्र स्वार्थों के लिए कल की चिन्ता नहीं करती थीं।

प्रारम्भ में माँ को अपने कार्यों को आगे बढ़ाने के लिए कठोर परिश्रम करना पड़ा। उनके पास कुछ भी न था। खाने की व्यवस्था न थी। तब माँ स्वयं हाथ में डिब्बा आदि लेकर मधुकरी के लिए निकल पड़तीं और घर-घर जाकर कहतीं, "आपके घर में यदि खाना बच जाए, तो उसे फेंकें नहीं, इस डिब्बे में डाल दें।"

माँ को ऐसा करता देख उनकी सहयोगी बहिनें भी खाना माँगने के लिए जाने लगीं। वे सभी प्रत्येक घर से बचा हुआ खाना माँग लातीं और इस प्रकार एकत्रित किया हुआ खाना असहाय भूखों का पेट भरने के काम आता।

अन्नदान परमदान है।

जहां कुछ लोग घरों में बचा हुआ खाना फेंक देते हैं, वहीं कुछ लोग भूख से मर जाते हैं। देश के महानगरों में जहां एक ओर अभिजात्य वर्ग की सम्पन्नता है, वहीं दूसरी ओर अनेक लोग ऐसे हैं, जिन्हें दो समय का खाना बड़ी कठिनाइयों से मिलता है, प्राय: भूख के कारण लोग दम तोड़ते रहते हैं।

कलकत्ता के रेलवे प्लेटफार्मों पर अनेक क्षुधाकुल मानव भूख के कारण सूखे पेटों पर अपने घुटनों को चिपकाए हुए लेटे रहते हैं। ऐसे स्थानों पर जाने पर माँ यात्रियों के पास जाकर अनुरोध करती थीं, "कृपया यदि आपके पास भोजन बच जाए, तो उसे फेंकें नहीं। दया कर उसे मुझे दे दें। मैं ले जाऊंगी।"

यह था माँ की दया का एक अन्य रूप; उनके विशाल हृदय का एक अन्य रूप।

व्यक्ति फटे चिथड़ों में फुटपाथों पर रह सकता है, किन्तु खाने की आवश्यकता सभी को होती है। भूखे पेट कब तक रहा जा सकता है। अन्न को इस तरह फेंक देना कहां की मानवता है; यही अन्न किसी भूखे का पेट भर सकता है।

परोपकार के लिए अपना सर्वस्व त्याग और अनाथों की भूख मिटाने के लिए हाथ फैलाने में भी संकोच नहीं, ये दो गुण माँ की दो अनन्यतम चारित्रिक विशेषताएं थीं।

एक ओर समाज का अभिजात्य वर्ग है, दूसरी ओर निरन्तर क्षुधा पीड़ित दरिद्रतम लोग। कदाचित् इसी विषमता ने माँ को दरिद्रों की सेवा के लिए प्रेरित किया। कलकत्ता के अपने अध्यापकीय जीवन में माँ पास की निर्धन बस्तियों में यदा-कदा जाती रहती थीं। वहीं उन्हें सर्वप्रथम भूख से पीड़ित दरिद्रों की दशा को देखने का अवसर प्राप्त हुआ। अतः उन्होंने सम्पन्न घरों की छात्राओं को अपने स्कूल का भोजन सप्ताह में एक बार उस बस्ती के बच्चों को देने के लिए प्रेरित किया।

माँ का हृदय फूल से भी कोमल था।

दरिद्रों, पीड़ितों, असहायों और निराश्रयों के लिए–किन्तु उनकी इच्छा- शक्ति कठोरतम थी।

प्रत्येक कार्य में कोमलता एक दुर्बलता ही कही जाएगी। हृदय कोमल तथा संकल्प-शक्ति की कठोरता ही माँ की सफलता का रहस्य था।

मानव साधनमात्र है। समस्त चराचर के लौकिक व्यवहारों का कर्त्ता ईश्वर है, माँ की यही दृढ़ मान्यता थी। इस विषय में उनका कहना था, "मैं कार्य करती हूं, यदि मैं ऐसा मान लूं तो मेरे जीवन का अन्त हो जाने पर–मेरी मृत्यु के बाद मेरे कार्य भी समाप्त हो जाएंगे। ऐसा मानने पर स्वाभाविक रूप में यही परिणाम होगा। भगवान ही हमसे सब कुछ करा लेते हैं, ऐसा मेरा दृढ़ विश्वास है। यही कारण है कि हमारे 'पंचतत्त्वों' में मिल जाने पर भी कर्म का कभी नाश नहीं होता। भगवान स्वयं किसी से कार्य करा लेंगे।"

माँ अजातशत्रु थीं। सभी को वह अपना मित्र समझती थीं। मनुष्य शत्रु या मित्र के रूप में अपने विचारों का ही प्रतिबिम्ब देखता है। इस विषय में एक कहानी याद आती है। एक बार एक कुत्ता एक ऐसे भवन में प्रविष्ट हो गया, जिसकी सभी दीवारें, छत और फर्श में भी शीशे ही शीशे लगे हुए थे। उस दर्पण भवन में जाकर कुत्ते ने अपने प्रतिबिम्ब देखे। वह जिधर देखता उसे कुत्ता ही दिखायी देता। भला पशु को क्या ज्ञान कि वह अपना ही प्रतिबिम्ब देख रहा है। वह लगा गुर्राने। उधर से उसका प्रतिबिम्ब भी गुर्राया। बस उसने उसे अपना शत्रु समझ लिया और उस पर झपट पड़ा। वह जिधर देखता वहीं झपट पड़ता। प्रत्युत्तर में उसका प्रतिबिम्ब भी उस पर झपटता। इसी प्रकार दिनभर लड़ता-झपटता वह लहूलुहान हो गया।

दूसरे दिन एक दूसरा कुत्ता उस भवन में गया। उसने जैसे ही अपनी परछायी देखी, उसे बड़ी प्रसन्नता हुई कि चलो एक मित्र मिल गया है। उसने प्यार से 'कूं-कूं' करते हुए अपनी पूंछ हिलायी, तो प्रतिबिम्ब ने भी ऐसा ही उत्तर दिया। वह समझ गया कि सामने वाला कुत्ता भी उसके साथ मित्रता करना चाहता है। बस वह बड़े आराम से दिन भर वहां खेलता रहा।

□□

"इस कहानी से स्पष्ट हो जाता है कि कोई भी प्राणी स्वयं दूसरों को अपना मित्र या शत्रु समझ बैठता है। अर्थात् मन ही मित्रता या शत्रुता का कारण है।

इसी प्रकार मां के जीवन को देखें तो पता लगता है कि उन्होंने अपकार का बदला भी उपकार से दिया है। कालीघाट के काली मन्दिर के पास की धर्मशाला में माँ ने 'निर्मल हृदय' मुमूर्षु आश्रम की स्थापना की। उनके इस कार्य से काली मन्दिर के पुजारी विरोध पर उतर आये। अन्त में माँ स्वयं उनके सामने गयीं। परिणामस्वरूप विरोध करने वाले नम्र पड़ गये। संयोग देखिए इन्हीं पुजारियों में से एक को बाद में तपेदिक हो गयी। रोग का उपचार न हो सका और उसके घर वालों ने भी उसकी उपेक्षा कर दी। अन्त में माँ उसे निर्मल हृदय ले आयीं। माँ की निश्च्छल सेवा से कम से कम उसे एक शान्तिपूर्ण मृत्यु प्राप्त हुई। माँ की इस उदारता से प्रभावित होकर काली-मन्दिर के ही एक पुजारी ने कहा था, "मैं विगत तीस वर्षों से माँ काली की पूजा कर रहा हूँ। आज मैंने आप (माँ) में काली के साक्षात् दर्शन कर लिए हैं। मेरा जीवन धन्य हो गया।"

दु:खी, असहाय लोगों की पीड़ा देखकर माँ अत्यन्त दु:खी हो जाती थीं। उनका कहना था कि जहाँ साधारण मनुष्य एक समय खाना न मिलने पर विकल हो जाता है, वहीं हमारे ही समाज में कई लोग ऐसे हैं, जिन्हें कई दिनों तक भोजन नहीं मिल पाता या नाममात्र के लिए मिल पाता है। समर्थ लोग ऐसे लोगों को भोजन देना तो दूर की बात, दुत्कार देते हैं। हम एक दिन या दिन में एक बार भी निराहार रहते हैं, तो हमें कष्ट की अनुभूति होती है। जो लोग कई दिनों तक लगातार भूखे या अधभूखे रहते हैं, उनके मुंह में दो मुट्ठी अन्न देना तो दूर की बात, जो बिना कुछ व्यय किये सम्भव है, वह मौखिक सहानुभूति भी क्या हम उन्हें दे पाते हैं?"

□□

यह महान कर्म-यज्ञ माँ ने अकेले आरम्भ किया था। उस समय, जब वह कर्म-यज्ञ का संकल्प लेकर कर्मक्षेत्र में उतरीं, न तो उनके पास साधन थे, न सहायक और न कहीं रहने-खाने की व्यवस्था ही। क्या उस समय कभी वह विचलित हुईं? या उन्हें कभी किसी प्रकार की आशंका हुईं? इन प्रश्नों के उत्तर में माँ कहती थीं, "ईश्वर ने मुझे इस मार्ग पर चलने की प्रेरणा दी, यह मैं अच्छी तरह जानती हूं। यह अनुभूति मेरे हृदय में बहुत पहले ही हो गयी थी।"

माँ का कथन था कि सब कुछ ईश्वर को समर्पित कर दो। तब कोई समस्या ही नहीं रहेगी। दु:खों की अनुभूति हो जाने पर ही मनुष्य को सुख का अनुभव हो

सकता है। एक मनुष्य, जिसने कभी दुःख देखा ही नहीं, कभी किसी के दुःख को नहीं समझ सकता।

माँ स्पष्ट कहती थीं कि भूख की समस्या का समग्र रूप में समाधान कोई एक मनुष्य नहीं कर सकता, फिर भी हमें अपना कर्तव्य करना ही चाहिए।

गीता में भगवान कृष्ण अर्जुन को कर्म-बोध कराते हुए कहते हैं—"तुम्हारा अधिकार कर्म करने में है, फल में नहीं, अनासक्त होकर कर्म करो।"

दया, प्रेम, उदारता आदि मानवीय गुण हैं। ये गुण हैं ही इसीलिए कि मनुष्य इनका पालन करे, इनके अस्तित्व की सार्थकता इसमें नहीं है कि ये केवल शब्दकोश की शोभा बढ़ाएं या केवल इनका उच्चारण भर किया जाए। इसीलिए माँ ने कहा था, "हमारा कार्य सागर में जल की बूंद डालने के समान है। सभी भूखों के मुंह में हम अन्न नहीं दे पाएंगे और न समस्त रोगियों की सेवा ही सम्भव है, फिर भी इसका यह अर्थ नहीं है कि हम सेवा, दान, प्रेम आदि को छींके पर टांग दें। मार्ग में चलते हुए यदि हमारे सामने कोई भूखा आकर खड़ा हो जाए, तो उसे देखना ही धर्म है। उसकी भूख दूर करने के लिए आगे बढ़ना मनुष्य से एक मानवीय अपेक्षा है। संख्या भले ही हज़ार, लाख या करोड़, कितनी ही क्यों न हो, हर मनुष्य यदि प्रतिदिन एक अच्छा कार्य करे, तो कदाचित् कोई समस्या ही न रहे।"

सिद्धान्त रूप में सभी ऊंचे-ऊंचे आदर्शों की बातें करते हैं, किन्तु व्यवहार में कोई भी मां टेरेसा की समानता नहीं कर सकता।

'अपनत्व' और स्नेह-भावना का अभाव मां की दृष्टि में भीषणतम सामाजिक अपराध है। माँ ने कहा था :

"पच्चीस वर्षों से अधिक समय में मैं अनेक लोगों से मिली हूं। अनेक बातें देखी सुनी हैं। जिसे कोई नहीं चाहता, जिसका कोई अपना नहीं, ऐसे व्यक्ति के लिए यदि कोई आगे नहीं बढ़ता तो यह समाज का सबसे बड़ा रोग है। उस रोग को दूर करने की एकमात्र औषधि प्रेम है।"

□□

जिन शिशुओं को हमारा समाज अवैध मानकर त्याग देता है, उन्हें माँ गले लगा लेती थीं। ऐसे निराश्रित शिशुओं को उनकी ममता से एक नया जीवन प्राप्त होता था। माँ की दृष्टि में ये शिशु सर्वथा निरीह, निष्पाप, निष्कलुष होते हैं। वह जीवन मात्र को पवित्र समझती थीं तथा यथाशक्ति उसे सुन्दर बनाना अपना पावन कर्तव्य समझती थीं।

दुःखी लोग पश्चिमी जगत में भी हैं। वहां निर्धनता नहीं है, फिर भी लोग दुःखी

रहते हैं, क्योंकि वहां अपनत्व-ममता का अभाव है। माँ इसे भी एक प्रकार की दरिद्रता का ही नाम देती थीं–

"गरीब सभी जगह हैं, यही न! हां, समस्या का अन्तर है। यहां लोग भोजन के कारण भूखे हैं। पश्चिम में इस तरह की आवश्यकता कम है। वहां के लोग मानव के साथ प्यार और अन्तरंगत्ता के लिए भूखे हैं। वहां अकेलापन अभिशाप है। हमारा अभाव भौतिक है, आप लोगों का मानसिक। इन दोनों दरिद्रताओं का स्वरूप भिन्न है, किन्तु दोनों की समस्याएं एक समान ज्वलन्त हैं। यही नहीं, उनका समाधान अत्यन्त कठिन है। यहां कोई भूखा है, उसके सामने एक थाली में भोजन रख देने से समस्या का समाधान हो जाएगा, किन्तु उन देशों के लोगों की भूख–मानवीय प्रेम के अभाव से उत्पन्न है। इनके लिए क्या एक थाली भर भोजन रखने के समान थाली भर प्यार रखा जा सकता है? इसीलिए यह समस्या अधिक गम्भीर है और इसका समाधान भी कठिन है। हृदय की ओर से जो भूखे हैं, उनकी भूख मिटाना कठिन है।"

माँ पूरी तरह सरल, सहज और बन्धनहीन हो जाना ही मानव-जीवन की सार्थकता समझती थीं। 'निर्मल हृदय' के रोगियों में वह इन गुणों का सद्भाव देखती थीं। इसे विपन्न भारतीयों की एक बहुत बड़ी महानता की संज्ञा देते हुए माँ ने कहा था–

"हमारे देश के इन सब रोगियों को देखो। जीवन के प्रत्येक क्षेत्र में अभावग्रस्त रहने पर भी इन्हें कोई शिकायत नहीं है। अन्न नहीं, वस्त्र नहीं, किन्तु इसके लिए किसी प्रकार का दुःख नहीं। इन्होंने भाग्य को ही सर्वस्व मान लिया है, मानो यही इनकी अपरिहार्य नियति हो, किन्तु ऐसा नहीं; यह इनकी असाधारण सहनशीलता है और इसी में इनकी महानता है। पश्चिमी देशों में इनका बड़ा अभाव है। उनमें सन्तोष का अभाव है, अतः दुःख की वेदना बड़ी तीव्र प्रतीत होती है। वे हमारी तरह सरलता से नहीं मान सकते, अतएव उन लोगों को शान्ति प्राप्त नहीं होती, किन्तु भारत में अकिंचन लोगों के समक्ष एक थाली चावल रख देने से ही समस्या का समाधान हो जाता है। समस्त अभावों से क्षणभर में मुक्ति मिल जाती है... कैसा महान है, यह जीवन। इन साधारण दिखायी देने वाले लोगों में कैसी असाधारणता छिपी हुई है। मुझे स्वयं यह नहीं लगता कि मैं इन लोगों की तरह सरल और सहज हो पाऊंगी, प्रतिवादहीन, अभियोगहीन और बन्धन हीन हो सकूंगी।"

दरिद्रों से माँ को असीम प्रेम था, चाहे वह भौतिक पदार्थों का दरिद्र हो या फिर प्रेम-स्नेह, ममता-अपनत्व का। मां का समस्त जीवन दरिद्रता को दूर करने के लिए समर्पित था। जो कुछ मिला, सभी कुछ दुःखी-दरिद्रों को समर्पित कर दिया। अपने पास कुछ भी न रखा, ममता, प्रेम, दया, सहानुभूति, सेवा-भावना और कर्तव्यपरायणता के अतिरिक्त, इसी में मां को अपार आनन्द की प्राप्ति होती थी।

महापुरुषों का जीवन परोपकार के प्रति समर्पित होता है, इसका प्रत्यक्ष उदाहरण है, मां टेरेसा का जीवन।

जन्म से माँ यूगोस्लाविया की थीं, किन्तु कर्म से भारतीय। उन्होंने अपने कर्मक्षेत्र के लिए भी भारत को ही चुना। यद्यपि समस्त विश्व उनकी कर्मस्थली था, तथापि इन समस्त कार्यों की केन्द्र-बिंदु मां को भारत सर्वाधिक प्रिय था, इसीलिए उन्होंने आहार-व्यवहार, रहन-सहन के साथ ही भारतीय नागरिकता भी ग्रहण कर ली थी।

माँ एक व्यक्ति नहीं, अपितु ममता, प्रेम, दया, उदारता, सहानुभूति, सेवा आदि मानवीय गुणों की मूर्त रूप थीं।

वह सच्चे अर्थों में एक संन्यासिनी थीं। वह दु:खियों की सेवा में ईश्वर को देखती थीं। उनका सर्वस्व पीड़ितों की सेवा के लिए समर्पित था।

साधनों का सर्वथा अभाव होने पर भी वह पीड़ितों की सेवा का संकल्प लेकर कर्म-क्षेत्र में उतर पड़ीं। ईश्वर के प्रति अपनी अनन्य आस्था तथा अदम्य संकल्पशक्ति के परिणामस्वरूप वह निरन्तर साधना में लगी रहीं।

इतना सब कुछ होने पर भी मां नितान्त सरल, सहज, निश्च्छल और सौम्य थीं, क्योंकि तीव्र धूप से जलते हुए पर्वतों को शान्त कर, पृथ्वी को शस्य श्यामला बनाकर, नदी-नालों को जलपूर्ण कर, मेघ शरद ऋतु आने पर जलहीन और शुभ्रवर्ण हो जाते हैं। यही उसकी सार्थकता होती है।

माँ का अवसान : श्रद्धांजलि

5 सितम्बर, 97 को रात साढ़े नौ बजे मां ने आखिरी सांस ली और एक महामानवीय आत्मा हमारे बीच से उठ गई सदा-सदा के लिए।

दुनिया भर के करोड़ों गरीबों, बेसहारा और दुखियारों की उम्मीद की किरण मदर टेरेसा के निधन से समूचे विश्व में शोक की लहर दौड़ गई। नोबेल पुरस्कार से सम्मनित मदर ने 87 साल की उम्र में कलकत्ता में आखिरी सांस ली।

संयुक्त राष्ट्र महासचिव कौफी अन्नान ने मदर को परोपकार, सेवा और आध्यात्मिक साहस की मिसाल बताया। श्री अन्नान ने कहा कि वह प्रेम और उम्मीद की प्रतीक थीं। पोप जान पाल द्वितीय, अमेरिका के राष्ट्रपति बिल क्लिंटन और विश्व के अनेक अन्य नेताओं ने उन्हें और गरीबों के लिए उनकी प्रतिबद्धता को सराहा। श्री क्लिंटन ने अपने शोक संदेश में कहा, 'उन्होंने गरीबों, पीड़ितों और मरणासन्न व्यक्तियों की सेवा की। हम सबके लिए वह प्रेरणा स्रोत थीं।'

पोप जॉन पाल ने वेकिटन सिटी में कहा, 'मदर के निधन की खबर से उन्हें गहरा दु:ख हुआ है। वे मदर के लिए प्रार्थना करेंगे।' ब्रिटिश प्रधानमंत्री टोनी ब्लेयर ने मदर टेरेसा को करुणा की प्रतिमूर्ति बताते हुए कहा कि मदर ने गरीबों की सेवा में अपना जीवन उत्सर्ग किया। उनकी सेवा और त्याग से विश्व हमेशा प्रेरणा लेता रहेगा।

फ्रांस के राष्ट्रपति जाक शिराक़ ने कहा कि आज मदर टेरेसा हमारे बीच नहीं हैं, लेकिन उन्होंने हमेशा आस्था, सौहार्द, एकजुटता, एक-दूसरे की मदद करने, एक-दूसरे का दु:ख बांटने और स्नेह का प्रसार करने का अमर संदेश दिया। इटली के राष्ट्रपति आस्कर लुइगी स्कालफरो ने कहा कि मदर का जीवन दूसरों और उनमें भी निर्धनतम और दीन-हीन लोगों के लिए समर्पित था। विश्व में आज जहां हम हिंसा और जातीय तथा नस्लवादी घृणा का शिकार हो रहे हैं, वहीं इस संत ने प्रेम का शाश्वत आदर्श दुनिया के समक्ष प्रस्तुत किया।

बकिंघम पैलेस ने मदर टेरेसा के निधन को अत्यंत दु:खद बताया। इंग्लैंड के रोमन कैथोलिक चर्च के मुख्य पादरी और वेल्स के कार्डिनल बेसिल ह्यूम ने भी मदर के निधन पर गहरा शोक व्यक्त किया है।

ग्वाटेमाला के राष्ट्रपति अलवारो आरजू इरिगोएन ने मदर के निधन को मानवता की क्षति बताया। श्रीलंका की राष्ट्रपति चंद्रिका कुमारतुंगा ने कहा, हम सभी इस सूचना से दु:खी हैं। आयरलैंड की राष्ट्रपति मेरी रोबिनसन ने कहा : मदर को कई राष्ट्रीय और अंतराष्ट्रीय संगठनों ने सम्मानित किया।

मिशनरीज़ ऑफ चैरिटीज़ की प्रमुख सिस्टर निर्मला ने कहा कि गरीबों की सेवा ही मदर टेरेसा के प्रति वास्तविक श्रद्धांजलि होगी।

मदर की अन्त्येष्टि के मौके पर अपने एक संदेश में उन्होंने कहा कि मदर ने अपने हर भाषण में और हमें दिये गए निर्देशों में कहा कि ईश्वर की कृति को नष्ट न होने दो। गरीब, भूखे, प्यासे, बीमार और शारीरिक-मानसिक रूप से टूटे लोग मदर के प्रिय पात्र थे।

भारत के राष्ट्रपति के. आर. नारायणन ने मदर टेरेसा के निधन पर गहरा शोक व्यक्त किया। मदर टेरेसा को दया की देवी की संज्ञा देते हुए श्री नारायणन ने कहा कि उन्होंने पूरे विश्व में प्रेम और सद्भाव फैलाया तथा बीमार, जरूरतमंदों और गरीब से गरीब लोगों तक की मद्दगार बनीं। यद्यपि वह पूरे विश्व की नागरिक थीं, लेकिन वह विशेषरूप से हमारी संस्कृति की आत्मा के अनुरूप एक सच्ची भारतीय थीं और उनका निधन हम करोड़ों लोगों के लिए एक बड़ी क्षति है।

प्रधानमंत्री इन्द्रकुमार ने मदर के निधन पर गहरा शोक व्यक्त करते हुए कहा, मेरे पास दुःख व्यक्त करने के लिए शब्द नहीं हैं। शांति और स्नेह की दूत, भारत रत्न मदर टेरेसा हमारे बीच नहीं रही। श्री गुजराल ने कहा कि मदर टेरेसा ने उन लोगों को अपना प्रेम, अमन और सुख समर्पित किया, जिन्हें पूरा विश्व आमतौर पर ठुकरा चुका था।

लोकसभा अध्यक्ष पी. ए. संगमा ने कहा कि मदर टेरेसा ने शांति, प्रेम और करुणा का जो अमर संदेश दिया वह हमें प्रेरणा देता रहेगा।

केन्द्रीय गृहमंत्री इन्द्रजीत गुप्त ने मदर टेरेसा को शांति और प्रेम का दूत बताते हुए कहा कि वह गरीबों और पिछड़े वर्गों की मसीहा थीं। उन्होंने पूरी दुनिया में प्रेम और शांति का संदेश फैलाया। गृहमंत्री ने कहा कि मदर टेरेसा के हमारे बीच से उठ जाने से भारत ही नहीं बल्कि पूरी दुनिया को अपूर्णीय क्षति हुई है।

पूर्व प्रधानमंत्री चन्द्रशेखर ने मदर टेरेसा के निधन पर गहरा दुःख व्यक्त किया और कहा कि उनके अचानक देहावसान से दुःखी तथा पीड़ित मानवता की एक सच्ची सेविका दुनिया से उठ गई। मदर टेरेसा ने मानवता की पीड़ा बांटने और बेसहारा बच्चों की आंख के आंसू पोंछने का काम आजीवन किया और अब उनकी मृत्यु के बाद उनकी स्मृति पूरे विश्व खासकर भारत के लोगों को इस दिशा में अनवरत याद करते रहने की प्रेरणा देती रहेगी।

पूर्व प्रधानमंत्री एच. डी. देवेगौड़ा ने अपने संवेदना संदेश में कहा कि मदर की हर सांस लोगों की सेवा को समर्पित थी। मदर टेरेसा का जीवन सभी को प्रेरणा देता रहेगा। उन्होंने बिना किसी भेदभाव के मानवता की सेवा की।

पूर्व प्रधानमंत्री विश्वनाथ प्रताप सिंह ने अपने संवेदना संदेश में कहा कि मदर ने गरीब और असहाय के दर्द को समझा और उनका जीवन ईश्वर की सच्ची आराधना था।

लोकसभा में विपक्ष के नेता अटल बिहारी वाजपेयी ने मदर टेरेसा के निधन पर गहरा दु:ख व्यक्त करते हुए कहा कि उनकी नि:स्वार्थ सेवा देश की जनता को हमेशा प्रेरणा देती रहेगी। श्री वाजपेयी ने अपने शोक संदेश में कहा कि मदर टेरेसा प्रेम एवं शांति की मसीहा थीं, जिन्होंने अपना पूरा जीवन सबसे गरीब व्यक्ति की सेवा में लगा दिया। उन्होंने कहा कि आज के समय में जब लोगों का विश्वास डगमगाने लगा है, मदर अटूट विश्वास की प्रतीक थीं। ऐसे समय में जब लोग स्वार्थी होते जा रहे हैं मदर टेरेसा ने नि:स्वार्थ रूप से उनकी सेवा की जिन्हें समाज भी भूल चुका है। अपने काम से जो मानदंड उन्होंने स्थापित किए , उन्हें पाना बहुतों के लिए मुश्किल होगा। उन्होंने कहा कि मदर टेरेसा जिन्होंने इसे ही अपना देश माना भारतीय जनता के लिए प्रेरणा स्रोत बनी रहेंगी।

पश्चिम बंगाल के मुख्यमंत्री ज्योति बसु ने मदर के निधन पर गहरा दु:ख व्यक्त करते हुए उन्हें महान् मानवतावादी बताया। मुख्यमंत्री ने कहा कि अगर मदर टेरेसा अनाथों को अपने प्रांगण में नहीं ले गई होती, तो वे जेलों में होते।

मदर टेरेसा के निधन से एक महामानव उठ गया। सड़क के किनारे पड़े कराहते विकलांगों और बीमारों को उन्होंने प्रेम से सहारा दिया। उनकी करुणा किसी से कोई भेद नहीं करती थी। उनके पांच फुट लम्बे पतले शरीर के हृदय में समाज में अवांछित और अनचाहे लोगों के लिए विशाल जगह थी। कालीघाट के मंदिर के एक कोने से बढ़कर उनका साम्राज्य सैकड़ों एकड़ जमीन में 'होम्स' के रूप में फैल गया और बाद में यह जमीन भारत की सीमा पार कर पूरे विश्व के सैकड़ों देशों में फैल गई, जहां जगह-जगह मदर होम्स खोले गए।

उनके अनूठे कामों के कारण राष्ट्रसंघ के पूर्व महासचिव पेरेज द कुइयार को कहना पड़ा कि मदर टेरेसा अपने आप में राष्ट्रसंघ हैं। वह दुनिया में शांति की प्रतीक हैं। अमेरिका के पूर्व राष्ट्रपति रोनाल्ड रीगन ने उन्हें विश्व-अभिनेत्री कहकर संबोधित किया।

मदर टेरेसा आज हमारे बीच नहीं हैं। इससे पूरे विश्व को निश्चित ही एक खालीपन महसूस होगा। आतंकवाद और हिंसा की चपेट में आई इस दुनिया में ऐसे लोगों की संख्या दिनों दिन कम होती जा रही है इसलिए उन्हें और भी ज्यादा याद किया जाएगा। निराश्रित और अनचाहे लोगों को तो निश्चय ही ऐसा लगेगा जैसे उनसे उनका मसीहा ही छिन गया हो।

परिशिष्ट–1

माँ टेरेसा के कुछ अमूल्य वचन

हम एक दिन या एक समय निराहार रहकर उपवास करते हैं और इसी से कितनी वेदना होती है, फिर जो लोग कई दिन तक लगातार निराहार या आधा पेट खाकर रहते हैं, उनके मुंह में दो मुट्ठी अन्न दे देना तो दूर की बात, जो चीज बिना खर्च किए सम्भव हो सकती है, वह मौखिक सहानुभूति भी क्या हम दे सकते हैं!

□

धर्म नहीं, वर्ण परिचय से मैं उनकी शिक्षा प्रारम्भ करती हूं।

□

दरिद्रतम मनुष्य के सुख–दुःख के बीच यीशु के अस्तित्व को चौबीसों घंटे प्राप्त करने की तैयारी के पहले पूर्ववर्ती जानकारी प्राप्त करने का क्षेत्र, ये बस्तियां ही हैं।

□

इस जीवन को जी–जान से प्यार करना होगा। दरिद्रता को आभूषण बनाकर हर एक के बीच काम करने के लिए जाना होगा। भगवान के प्रति प्यार की मूर्ति ही यह कार्य है। हमारे प्यार का स्पर्श किसी न किसी के लिए तो निर्दिष्ट है ही।

□

चेहरे की प्रसन्नता, यही तो दिन–रात हमारी संस्था की शक्ति के मूल में काम करती है। अपना उनके ही चरण कमलों में अर्पण, प्रेम का विश्वास, आनन्द यही हमारा मूलधन है, क्या धन से ही सेवा होती है?

□

नहीं, केवल धन से सेवा नहीं होती। सेवा का हृदय चाहिए। अस्पताल के डाक्टर, नर्स भी तो सेवा करते हैं। उस सेवा में प्रेम का स्पर्श है भी या नहीं, यही विचारणीय बात है। प्रेम के विश्व में छल–धोखे के लिए कोई स्थान नहीं है। मुंह से नहीं कार्य से समझाना होगा कि हम उन्हें प्यार करते हैं। हृदय की गहराइयों से, इसीलिए सदा

ही इनके पास प्रसन्नचित्त जाना होगा। दु:खी मन लेकर जाने से ये दु:खी और भी टूट जाएंगे।

□

सब कुछ ईश्वर की इच्छा है। इसी विश्वास पर जीवन का आदि और अन्त आधारित है। एक वस्तु का और पालन करना पड़ता है, वह है अन्त तक गरीबों की सेवा में प्राण दे देना। सब कुछ देने योग्य है।

□

यदि हम अपने धर्म-चक्षुओं से देखें तो स्वाभाविक है कि हमें यही लगेगा कि हम कुछ नहीं कर सकते, किन्तु जैसे ही केवल यीशु का काम समझ लिया, तब कोई फिर बाधा, व्यवधान उत्पन्न नहीं करेगी। इसीलिए यह सब कार्य कर पाना सम्भव हुआ है। हम निश्चिन्त हैं कि यीशु ही हमसे काम करवा लेते हैं। गरीबों के लिए जो कुछ कार्य होता है, वह उन्हीं की इच्छा से पूर्ण होता है।

□

विश्वास भगवान का वरदान है। इसके बिना जीवन नहीं चल सकता। ईश्वर के प्रति समर्पित कार्य तभी सार्थक है, जब वह गहरे विश्वास से उत्पन्न हो, क्योंकि यीशु ने कहा है, ''मैं भूखा हूं, मैं रोगी हूं, मैं नंगा हूं और मैं गृह-विहीन हूं। मुझे ऐसा ही समझकर मेरी सेवा करो।'' इन्हीं सब बातों पर विचार करते हुए अपने मार्ग का निर्धारण करना होगा।

□

अधिकतर लोग स्वार्थपरायणता और व्यक्तिगत लाभ-हानि को लेकर ही अपने आप में मग्न हैं। बिना किसी कुण्ठा के प्रेम का प्रतिदान किए विश्वास पैदा नहीं होता। प्रेम और विश्वास पर्यायवाची न होते हुए भी दोनों की गति एक ही है। ये दोनों एक-दूसरे के पूरक हैं।

□

हमें क्रमश: यह स्पष्ट हो गया है कि 'हमें कोई नहीं चाहता' यही भावना सबसे बड़ा रोग है। मानव-जीवन में इससे बड़ा कोई रोग नहीं हो सकता। आज कुष्ठ रोग के उपचार की औषधि बन गयी है। तपेदिक ठीक हो जाती है, किन्तु 'मैं अवांच्छित हूं, मुझे कोई नहीं चाहता', इस भावना जैसा भयंकर रोग अन्य कोई है, यह मुझे ज्ञात नहीं। इस व्याधि को दूर करने की एक ही औषधि है और वह है—'प्रेम'।

□

दरिद्र मानव को यीशु का रूप समझकर उसकी सेवा करना, उसे प्यार करना, यही हमारा लक्ष्य है।

□

मनुष्य में ही भगवान विद्यमान हैं। 'सीमा के भीतर असीम' की तरह इस मनुष्य में ही सर्वशक्तिमान प्रभु नित्य नये-नये रूपों में प्रकाशित होते हैं। हम यीशु के दर्शन नहीं कर सकते, हम प्रत्यक्ष रूप में उन्हें अपने प्रेम का परिचय नहीं दे सकते, किन्तु अपने पड़ोसियों को हम प्रत्यक्ष देख सकते हैं। यीशु को देखकर हम जो कुछ करते, वही सब हम अपने पड़ोसियों के लिए उन्हें यीशु समझकर कर सकते हैं।

□

सेवा के कार्य में पग-पग पर विपत्ति की आशंका रहती है। हमें सदा यह बात याद रखनी होगी कि हम जो कुछ भी करें सब उनके लिए करें। प्रत्येक बस्ती में, पुरानी झोपड़ियों में, भूख में, अपमान में जो लोग समय व्यतीत कर रहे हैं, वे भी हमारी ही तरह सुख-दुःख से निर्मित मनुष्य हैं। इस बात को हम कभी न भूलें।

□

गरीबों की उपेक्षा करने में केवल अपने अहं की अभिव्यक्ति के अतिरिक्त कोई भी बात नहीं है। फिर यदि ये सभी लोग गरीबों के लिए अपने कर्तव्य का पालन करें तो विश्व का स्वरूप ही दूसरा हो जाएगा।

□

ईश्वर ने ही मुझे इस मार्ग पर चलाया है, यह विश्वास मेरे हृदय में बहुत पहले ही हो गया था।

□

यदि मैं यह मान लूं कि इन समस्त कार्यों को मैं ही करती हूं, तो मेरे जीवित अवस्था में न रहने पर मेरी मृत्यु के बाद मेरे कार्य भी समाप्त हो जाएंगे, स्वाभाविक रूप में यही परिणति होगी। मेरा दृढ़ विश्वास है कि भगवान ही हमारे द्वारा सब कुछ करा लेते हैं। तभी तो 'पंचतत्त्वों' में मिल जाने पर भी कार्य की कभी मृत्यु नहीं होती। भगवान स्वयं किसी के द्वारा कार्य करा लेंगे।

□

इसमें आश्चर्य की कोई बात नहीं है। ईश्वर सदा, प्रतिदिन, हरक्षण, स्वयं को प्रकाशित करते रहते हैं। किसी न किसी घटना में हम उनके अस्तित्व का अनुभव कर सकते हैं।

□

रुपयों की तो कोई समस्या नहीं है। वह मिलते हैं, मिल जाते हैं। आरम्भ में अवश्य कुछ कष्ट हुआ था। दु:ख तो रहेगा ही, वह तो आनन्द का पूरक है।

□

मैं गोद लेकर गर्भपात की समस्या का सामना कर रही हूं।

□

सन्तान का परित्याग कर देने वाली युवतियों के मन से उस सन्तान की स्मृति कभी दूर नहीं होती। वे माँ के सिवा और कुछ भी तो नहीं होतीं।

□

सब भगवान् की इच्छा है। ईश्वर पर मन, प्राण छोड़ दो, फिर देखोगे कि कोई समस्या ही नहीं रही। दु:ख-वेदना-व्यर्थता आएंगी, आने दो। याद रखो, दु:ख ही आनन्द लाता है और व्यर्थता ही सफलता लाती है। वेदना जीवन को मधुरतामय बना सकती है। जिसके जीवन का पात्र वेदना से लबालब भरा है, वही वेदना से पीड़ित मनुष्य का दु:ख दूर कर सकता है।

□

हमारा कार्य समुद्र में पानी की बूँद के समान हो सकता है, किन्तु उस समुद्र में एक बूँद जल भी न पड़ता, तो समुद्र एक बूँद जल से वंचित हो जाता, यही ना!

□

वह (प्यार और अपनत्व का अभाव) रोग शरीर का नहीं मन का है। डाक्टरों, वैद्यों के पीछे रुपये फेंकने से उसका कोई प्रतिकार नहीं होता। पच्चीस वर्ष से अधिक अवधि में मैं अनेक लोगों से मिली हूं। बहुत-सी चीजें देखी हैं। जिसे कोई नहीं चाहता, जिसका कोई नहीं है, उसके लिए यदि कोई आगे नहीं बढ़ता, तो वही समाज का सबसे बड़ा रोग है। उस रोग को दूर करने की एकमात्र औषधि प्यार ही है।

□

मनुष्य को ईश्वर की ओर ले जाना ही मेरा कार्य है और उसके लिए आवश्यक है सेवा।

□

यदि प्रभु की कृपा से उनकी किसी सन्तान की सेवा कर सको, तो तुम धन्य हो जाओगे। स्वयं को बिलकुल महत्त्वपूर्ण न समझना। तुम धन्य हो कि तुम्हें सेवा का अधिकार मिला है औरों को नहीं मिला है।

□

वे यीशु को किस प्रकार पहचानेंगे? अनुभव करने की शक्ति कहाँ से प्राप्त होगी? दरिद्रतम मनुष्यों में ही छद्म रूप में यीशु छिपे हैं। मन की तैयारी के लिए इस शक्ति को संचित करने की बहुत आवश्यकता है।

□

वास्तविक सुन्दरता तो यही है। निष्पाप, निरीह यदि कष्ट न पाते, तो यह पृथ्वी रसातल में धंस जाती। ये निष्पाप, निरीह शिशु ही तो हमारे लिए समस्त पापों का दण्ड भुगत रहे हैं। कितना बड़ा त्याग है यह, सोचा भी नहीं जा सकता। कितने ऋणी हैं हम इनके। इसे कहकर नहीं समझाया जा सकता।

□

जीवनमात्र ही पवित्र है। अपनी सामर्थ्य के अनुसार उसे सुन्दर बनाना हमारा कर्त्तव्य है।

□

सबको प्यार करके ही हम भगवान के पास पहुंच पाएंगे। इसके अतिरिक्त किसी अन्य मार्ग से वहां पहुंचा जा सकता है या नहीं, यह मुझे नहीं मालूम।

□

मनुष्य ही सब कुछ है।

□

मृत्यु तो अवश्यम्भावी है। मृत्यु के समक्ष जाने से पहले उन्हें थोड़ा प्यार, थोड़ा-सा स्नेह का स्पर्श यही इन्हें (मरणासन्न लोगों को) यहाँ (निर्मल हृदय) लाने की एक सार्थकता है।

□

दरिद्रता को जीवनसाथी बना लेना कोई बहुत सरल कार्य नहीं है। गरीबों को प्यार करने में, गरीबों को जानने के लिए, उनकी समीपता प्राप्त करने के लिए बहिनों को गरीब-जीवन का अभ्यस्त बनना होगा।

□

प्रार्थना को छोड़कर हम कुछ नहीं कर सकते। यीशु की मूर्ति के आगे घुटने टेककर प्रार्थना करते समय हम दरिद्रों के दुःख-कष्टों का चित्र देख सकते हैं। सब कुछ मनःपटल पर साकार हो जाता है। वहाँ बैठकर हम अनुभव कर सकते हैं। यह दुःख, यह कष्ट ही प्रेम के राज्य में प्रवेश पाने के लिए सबसे बड़ा मार्ग है।

□

गरीबी सब जगह है, यही ना? हाँ समस्या में अन्तर है। यहाँ लोग खाद्य-पदार्थों के कारण भूखे हैं और पश्चिम के देशों में इस प्रकार की आवश्यकता कम है। वहाँ के लोग मनुष्य के साथ अन्तरंगता, प्यार के लिए दरिद्र हैं। अकेलापन उन देशों में अभिशाप है। हमारा अभाव भौतिक है और उनका मानसिक। इन दो दरिद्रताओं का स्वरूप भिन्न है, किन्तु दोनों की समस्याएं एक जैसी ज्वलन्त हैं। वरन् उन लोगों का समाधान अत्यन्त कष्टसाध्य है। यहाँ कोई भूखा है, तो उसके आगे खाने की थाली रख देने से समस्या का समाधान हो जाएगा, किन्तु उन देशों के लोगों की भूख मानवीय प्रेम के अभाव से उत्पन्न है। क्या इसके लिए एक थाली खाना रखने के समान, एक थाली भर प्यार रखा जा सकता है। इसीलिए यह समस्या अधिक गम्भीर है। उसका समाधान भी कठिन है।

□

इसके लिए जरूरत है हृदय की, किन्तु हमने मन की इस सूक्ष्म दशा की बात पर एक बार भी विचार नहीं किया, हृदय की ओर से भूखे हैं; उनकी भूख मिटाना बहुत कठिन कार्य है।

□

हमारे देश के इन सब रोगियों को देखो। जीवन के हर क्षेत्र में वंचित रहकर भी इन्हें कोई शिकायत नहीं है। अन्न नहीं, वस्त्र नहीं, किन्तु उसके लिए खेद भी नहीं। इन लोगों ने सब-कुछ भाग्य को मान लिया है। जैसे यही उनकी अपरिहार्य नियति है, किन्तु ऐसा तो नहीं है, सहनशीलता असामान्य है इसी में उनकी महानता है।

□

पश्चिम के देशों में इस चीज़ की बहुत कमी है। उनमें सन्तोष का अभाव है। इसीलिए दु:ख बहुत तीव्र लगता है। वे हमारी तरह सरलता से नहीं मान सकते। इसीलिए उन्हें शान्ति नहीं मिलती।

□

इन सामान्य लोगों में कितनी असाधारणता छिपी हुई है मुझे स्वयं नहीं लगता कि मैं उन लोगों की तरह सहज और सरल हो सकूँगी, प्रतिवादहीन, अभियोगहीन और स्वच्छन्द हो सकूँगी।

□

आज पूरी दुनिया में संयुक्तता का बहुत प्रचलन हो गया है, परन्तु भारत में संयुक्त परिवार के समान आदर्श और क्या हो सकता है, किन्तु वही संयुक्त परिवार अब लुप्तप्राय: होते जा रहे हैं। इसलिए पश्चिम के पगचिह्नों पर चलने पर यहाँ भी परिवार के नाम पर पति-पत्नी और उनके एक-दो बच्चे होते हैं। कुछ समय पूर्व यह स्थिति न थी। भारतीय सामाजिक जीवन को स्वस्थ और शक्तिशाली बनाने के लिए उसी संयुक्त परिवार प्रथा की ओर लौटाना होगा।

□

यह बात मानने की नहीं है कि स्थान की कमी के कारण अनेक व्यक्तियों को अलग-अलग रहना पड़ता है। पृथक् रहने के साथ-साथ उनके जीवन भी अलग-अलग जैसे हो जाते हैं। बूढ़े माँ-बाप, छोटे भाई-बहिनों की बात वे भूल जाते हैं। यह वास्तव में एक दु:खद बात है।

□

हम ईश्वर को पाना चाहते हैं। चारों ओर कोलाहल से भरे परिवेश में उसके दर्शन कर पाना सरल नहीं है। ईश्वर निस्तब्ध-नीरव परिवेश में रहता है। प्रकृति का अवलोकन करो—वृक्ष, पुष्प, लताएं आदि नीरवता में ही उत्पन्न होते हैं। आकाश की ओर देखो—सूर्य, चन्द्रमा, ग्रहों और नक्षत्रों की गति भी शब्दहीनता में ही होती है।

□

बस्तियों में दरिद्र से दरिद्र के समीप भगवान् के अस्तित्व की बात बता देना क्या हमारे जीवन का लक्ष्य नहीं है? भगवान मृत-जड़ नहीं, प्राणवान हैं। भगवान प्रेम के आधार हैं।

□

यह मन, यह विश्वास जिसमें है, वे ही कह सकते हैं कि दरिद्रता ही हमारी प्रतिज्ञा है।

□

यीशु समझकर सबकी सेवा कर पाने पर ही विश्व में शान्ति के द्वार खुलेंगे।

□

मैं-मैं करने से कोई लाभ नहीं, कर्म ही जीवन है।

□

क्या भगवान हमें नहीं देख रहे हैं?

□

आज सबसे बड़ा रोग कुष्ठ या तपेदिक नहीं है। उससे अधिक समाज के वे लोग जो स्वयं को परित्यक्त समझते हैं। अवांछित और उपेक्षित समझते हैं और अपनी झोपड़ियों में अलग-थलग रहने लगते हैं, वे ही भयंकरतम रोग से पीड़ित हैं, यही वास्तविक रोग है। प्यार के बोध का अभाव ही समाज का सबसे बड़ा शत्रु है। मार्गों के किनारे का फुटपाथ ही जिनका घर है, उनके विषय में क्या हम एक बार भी सोचते हैं?

□

सारे भूखों के मुँह में अन्न नहीं दिया जा सकता। सभी रोगियों की सेवा कर पाना भी संभव नहीं है, तब क्या सेवा, दान, प्यार आदि को छींके पर टाँग कर रख दें? नहीं, मार्ग में चलते हुए यदि आँखों के सामने कोई भूखा आ खड़ा हो, तो उसे देखना ही धर्म है। उसकी भूख मिटाने के लिए आगे बढ़ना मानवता का कर्तव्य है। संख्या चाहे हज़ार, लाख या करोड़ कितनी ही क्यों न हो, प्रत्येक मनुष्य यदि प्रतिदिन एक अच्छा कार्य करे, तो सम्भवत: फिर कोई समस्या ही न रहे।

परिशिष्ट–2

माँ टेरेसा के जीवन की महत्त्वपूर्ण तिथियाँ एवं वर्ष

1. जन्म	27 अगस्त, 1910 ई०
2. पितृवियोग	सन् 1917 ई०
3. दीन–दरिद्रों की सेवा की इच्छा का अंकुरण	सन् 1922 ई०
4. भारत आगमन	सन् 1926 ई०
5. सेण्ट मेरी हाई स्कूल में अध्यापन	सन् 1929 से 1948 ई०
6. सेवा का संकल्प	सन् 1931 ई०
7. संकल्प को अन्तिम रूप	सन् 1937 ई०
8. ईश्वरीय अनुभूति	10 सितम्बर, 1946 ई०
9. लोरेटो से त्यागपत्र और महानतम लक्ष्य की ओर	18 अगस्त, 1948 ई०
10. मोतीझील बस्ती में प्रथम पाठशाला की स्थापना	21 दिसम्बर, 1948 ई०
11. माइकल गोमेज के घर आवास	फरवरी, 1949 ई०
12. सिस्टर अग्नेस का शिष्या बनना	9 मार्च, 1949 ई०
13. कलकत्ता में मिशनरीज़ ऑफ चैरिटीज़ के भवन की स्थापना	7 अक्टूबर, 1950 ई०
14. कुष्ठ रोगियों की सेवा का व्रत	सन् 1957 ई०
15. फिलीपाइन सरकार का रमन मैगसेसे पुरस्कार	सन् 1962 ई०
16. नई दिल्ली में मिशनरीज़ ऑफ ब्रदर्स की स्थापना	मार्च, 1963 ई०
17. पोप द्वारा उपहार में अपनी गाड़ी देना	दिसम्बर, 1964 ई०
18. वेनेजुएला में नये केन्द्र का प्रारम्भ	सन् 1965 ई०
19. कोलम्बो, श्रीलंका में नये केन्द्र का प्रारम्भ	सन् 1967 ई०
20. तन्ज़ानिया और रोम की बस्तियों में केन्द्रों की स्थापना	सन् 1968 ई०
21. ब्रुक', आस्ट्रेलिया में केन्द्र स्थापित	सन् 1969 ई०
22. अन्तर्राष्ट्रीय संस्था 'द इण्टरनेशनल	

एसोसिएशन ऑफ कोवर्कर्स ऑफ मदर टेरेसा' को मिशनरीज़ ऑफ चैरिटीज़ द्वारा मान्यता	मार्च, 1969 ई०
23. अमान जार्डन यात्रा	जुलाई, 1970 ई०
24. यूरोप तथा अमरीका की नयी संन्यासिन बहिनों के प्रशिक्षणार्थ लन्दन में केन्द्र की स्थापना	8 दिसम्बर, 1970 ई०
25. 'पोप जॉन त्रयोदश शान्ति पुरस्कार'	जनवरी, 1971 ई०
26. बंगला देश के शरणार्थियों के लिए कार्य	सन् 1971 ई०
27. 'गुड सैमेरिटन अवार्ड' से सम्मानित	सन् 1971 ई०
28. केनेटी इण्टरनेशनल अवार्ड प्राप्त होना	सन् 1971 ई०
29. कैथोलिक विश्वविद्यालय अमेरिका द्वारा 'डाक्टर ऑफ ह्युमन लेटर्स' की मानद उपाधि	सन् 1971 ई०
30. जवाहरलाल नेहरू अवार्ड	सन् 1972 ई०
31. प्रेमदान की स्थापना	सन् 1973 ई०
32. टेम्पलटन पुरस्कार से सम्मानित	सन् 1973 ई०
33. मैटर एट मैणरेस्ट्रा अवार्ड से सम्मानित	सन् 1974 ई०
34. मिशनरीज़ ऑफ चैरिटीज़ की रजत जयन्ती	सन् 1975 ई०
35. अन्तर्राष्ट्रीय महिला वर्ष के उपलक्ष्य में मैक्सिको में आयोजित महिला सम्मेलन की विशिष्ट अतिथि	सन् 1975 ई०
36. अन्तर्राष्ट्रीय संस्था एफ.ए.ओ. द्वारा सिरेस पदक में एक ओर माँ टेरेसा तथा दूसरी ओर हाथ फैलाकर एक सद्योजात शिशु को गोद में ली हुई देवी का अंकन	सन् 1975 ई०
37. विश्वभारती द्वारा 'देशिकोत्तम' की मानद उपाधि	सन् 1976 ई०
38. 'निर्मल शिशु भवन' तथा 'निर्मल हृदय' की स्थापना	सन् 1976 ई०
39. शान्ति के लिए नोबेल पुरस्कार से सम्मानित	सन् 1979 ई०
40. देश के सर्वोच्च असैनिक सम्मान 'भारत रत्न' से सम्मानित	सन् 1980 ई०
41. इसराइल और फिलिस्तीनियों के बीच संघर्ष के दौरान बेरूत के एक अस्पताल में फंसे 37 बच्चों को बचाने के लिए दोनों पक्षों से गोलीबारी बंद करने की अपील	सन् 1982 ई०
42. पोप जॉन पॉल द्वितीय से रोम में मिलने जाते	

समय दिल का दौरा पड़ा सन् 1983 ई०

43. अमेरिका के सर्वोच्च नागरिक पुरस्कार मैडल ऑफ फ्रीड्म से सम्मानित सन् 1985 ई०

44. दूसरी बार जबरदस्त दिल का दौरा, डॉक्टरों द्वारा पेसमेकर लगाया गया सन् 1989 ई०

45. मिशनरीज़ ऑफ चैरिटीज़ की प्रमुख के पद से इस्तीफा देने की घोषणा और संस्थान की सिस्टरों से उत्तराधिकारी का चुनाव लड़ने का आग्रह। लेकिन गुप्त मतदान में फिर से निर्वाचित और इस्तीफे की पेशकश वापस ली सन् 1990 ई०

46. मैक्सिको के तिजुआना शहर में निमोनिया से संक्रमित परिणामस्वरूप हर्टफ्लेयोर और केलिफोर्निया के ला जोला अस्पताल में भर्ती सन् 1991 ई०

47. रोम में गिरने से तीन पसलियां टूटीं। इसी वर्ष अगस्त में मलेरिया से पीड़ित और हृदय की बाईं धमनी निष्क्रिय। छाती में दर्द और सांस की तकलीफ के लिए फिर से अस्पताल में भर्ती सन् 1993 ई०

48. मिशनरीज़ ऑफ चैरिटीज़ की प्रमुख से इस्तीफा 13 मार्च, 1997 ई०

49. दिल का दौरा पड़ने से रात साढ़े नौ बजे निधन 5 सितम्बर, 1997 ई०

50. पूरे राजकीय सम्मान के साथ अंतिम संस्कार 13 सितम्बर, 1997 ई०

□□□